i Fari. 9

Ferruccio de Bortoli

Poteri forti (o quasi)

Memorie di oltre quarant'anni di giornalismo

La nave di Teseo

ISBN 978-88-9344-166-7

Prima edizione La nave di Teseo maggio 2017
Quarta edizione maggio 2017

A Walter Tobagi
e Maria Grazia Cutuli

Sommario

Memorie scomode (anche per chi le scrive)

La memoria è una nebbiolina invisibile che toglie nitore ai contorni e deforma vigliaccamente il tempo. Pensiamo di dominarla anche quando ci sfugge. Ma è lei che domina noi. Se decide di lasciarci non ci avverte. Non chiude del tutto la porta. Prima di andarsene cambia volto, fa emergere un particolare e ne toglie un altro, cambia l'ordine delle cose. Spesso ritorna, impietosa. Suscita vergogne tardive, stimola rimorsi inaspettati. "In quell'occasione mi sarei dovuto comportare in un altro modo." "Se mi accadesse oggi farei l'opposto."

Sono pensieri che ho fatto più volte e – con maggiore frequenza – scrivendo queste note che accompagnano articoli, incontri, ritratti. Oltre quarant'anni di giornalismo. Ho cercato di essere sincero con i lettori e con me stesso. Sono orgoglioso di alcune battaglie civili, di alcune prese di posizione coraggiose. Nel libro ne racconto diverse. Alcune addirittura celebri. Frutto soprattutto del grande privilegio che ho avuto di lavorare con i migliori giornalisti del paese. E con inarrivabili maestri: Indro Montanelli, Enzo Biagi, Oriana Fallaci, Tiziano Terzani, Giovanni Sartori, Gaetano Afeltra. E con tanti direttori: Giancarlo Francesconi, Alfredo Barberis, Cesare Lanza, Benedetto Mosca, Piero Ottone, Franco Di Bella, Alberto Cavallari, Piero Ostellino, Ugo Stille, Giulio Anselmi, Gianni Locatelli, Lanfranco Vaccari e, infine, Paolo Mieli al quale devo molto. Mi rammarico, invece, per alcuni difetti della mia professione che ho forse assecondato troppo: un'insopportabile autoreferenzialità e un cinismo autocompiaciuto, romantico e seduttivo, nel quale le persone coinvolte nei fatti non di rado diventano oggetti inanimati, il cui destino, appena spenti i riflettori, è materiale di scarto. *Res nullius.* Sono difetti che avrei dovuto combattere con maggiore decisione. Ma non l'ho fatto o, meglio, l'ho fatto poco.

Detto questo, sono stato fortunato, molto fortunato. Ho fatto il mestiere (o la professione) che desideravo fin da piccolo. Ho avuto più di quanto meritassi di avere. E non lo dico per falsa modestia. Uno dei grandi maestri del giornalismo, Enzo Biagi, affermava, scherzando ma non troppo, che "se gli editori scoprissero quanto ci divertiamo a lavorare non ci pagherebbero più". Enzo si faceva pagare bene e non accordava sconti agli editori. Anzi. Ma quella battuta era profetica. Oggi ci sono tanti colleghi, bravi giornalisti, che scrivono per passione, remunerati con cifre insultanti o anche senza essere pagati. Giovani che sono editori di se stessi, volenterosi donatori di notizie e inchieste animati da entusiasmo, idealità e spirito civico. Rischiano la vita là dove ci sono guerre. Non hanno alle spalle nessuno, tantomeno un'assicurazione. I grandi inviati della storia del giornalismo, al confronto, erano dei privilegiati. E il loro status si rifletteva, non di rado, nella larghezza creativa delle note spese e nella totale insindacabilità di quello che scrivevano. Il discrimine fra cronaca e romanzo era davvero sottile. La letteratura ne ebbe un grande beneficio.

Non ho nostalgia della corporazione che sta morendo sotto il peso dei suoi difetti. Non mi piace l'Ordine dei giornalisti. Così com'è, è in pratica inutile. Ma trovo desolante questa proletarizzazione insulsa della professione, quest'epica dell'universalità della rete che trasforma i redattori in minatori del web, peraltro destinati a essere sostituiti non in piccola parte (succede già) da disciplinati algoritmi. Applaudo all'emergere degli *users generated contents*, ovvero dei contenuti generati dagli stessi utenti. Si è creata così un'immensa piazza di libertà, evviva. Le reticenze dei media tradizionali vengono facilmente smascherate, si pubblicano più notizie sgradite al potere. Perfetto. Ma, noto con sgomento, come ciò non corrisponda alla creazione di un'opinione pubblica adulta e avvertita. Ma al suo contrario: un magma di umori e sentimenti che fluttua impetuoso sui social network. Si nutre di pensieri unici, coltiva il pericoloso mito della semplificazione della realtà che induce a individuare con facilità capri espiatori e a credere a qualsivoglia complotto. Moltitudini che si aggregano per identità di opinioni e gusti. Entusiasti di trovare connessioni senza confini ma disinteressati a conoscere idee e realtà diverse. A coltivare il dubbio, l'etica del confronto e del rispetto dell'altro. Sudditi più che cittadini. E forse per questo interessati non alla verità dei fatti bensì soltanto alla loro verosimiglianza. Ansiosi di condividere, non di accertare. Disposti a credere alla versione più congeniale per sé e per la propria comunità, per nulla preoccupati di soppesare costi e benefici o di non confondere i sogni effimeri con i vantaggi reali. Eccitazione tecnologica tanta, spirito critico poco. Le eccezioni positive non mancano, ovviamente, i movimenti di opinione non di rado risultano incoraggiati e meglio conosciuti, le buone pratiche, anche giornalistiche, sono promettenti. Ma nella massa, nella gran parte della piazza virtuale della quale mai ci priveremmo, il clima è questo.

L'opinione pubblica è sempre meno "l'architrave di una democrazia", come l'ha definita Giovanni Sartori, sempre di più uno scolmatore di umori che peraltro si riflette sull'esercizio del voto. Una discarica disordinata di sentimenti sparsi in cui l'ebbrezza della libertà – a volte del tutto apparente – schiaccia la virtù della moderazione e il senso delle regole. È il trionfo dell'anonimato, massima espressione della viltà digitale, almeno nelle democrazie che tutelano i diritti soggettivi, tra cui quello di espressione. Il mascheramento degli *haters* è un raffinato gioco di società. Quasi carnevalesco. Peccato che il carnevale sia ininterrotto. Eterno. Le conseguenze non importano. O non sono valutate. Il confine fra la realtà vera e quella virtuale è sottile, forse inesistente.

Viviamo una straordinaria stagione di tecnologie ma non, nello stesso tempo, un'epoca di brillante giornalismo d'inchiesta o di frontiera. Gli esempi positivi per preparazione e coraggio non mancano. I campioni pure. La forza attrattiva di una professione, nonostante tutto, è inversamente proporzionale alla crisi dell'editoria. I modelli non possono essere né Snowden né Assange. Il giornalismo non si esaurisce, per fortuna, nel furto di dati, in un'attività d'intelligence o di semplice ricettazione. A maggior ragione, oggi che le informazioni sono in teoria tutte a portata di mano, è necessario indagare, confrontare, analizzare mossi da due infallibili carburanti: la curiosità e il dubbio. L'etica della professione impone di non fermarsi mai davanti alla verità ufficiale, né di mostrare, con presunzione intollerabile, di possederne una. Nell'era della post verità – in cui si contrappongono fatti alternativi a quelli veri – un cronista esperto, preparato, indipendente sarà sempre più utile e informato di un sofisticato algoritmo.

Le regole della professione non cambiano con la tecnologia: diventano ancora più necessarie. *Accuracy and fairness*, due norme base del giornalismo anglosassone: immortali. Accuratezza, credibilità e serietà sono ancora di più ingredienti indispensabili per una buona informazione. Il navigatore della rete, l'utente di un social network, avrà sempre di più bisogno di selezionare la massa informe di notizie e immagini a sua disposizione per non essere un naufrago ingenuo e manipolabile. Materiale inerte a disposizione degli *over the top* ai quali ha sventuratamente ceduto tutti i suoi dati personali. Dovrà fare affidamento su fonti serie per avere un racconto attendibile e ragionato degli avvenimenti, conoscerne le radici, realizzare gli opportuni collegamenti, disegnare un quadro d'insieme. Altrimenti sarà un suddito, carne da macello per il dittatore di turno (guardate al successo dei social network di regime), utile idiota per il pifferaio magico del momento nelle stanche democrazie occidentali. E dovrà convincersi che per essere bene informato un po' di fatica bisogna farla. Leggere, confrontare. Il surfista della realtà pensa di capire tutto con uno sguardo di traverso a una homepage. Si illude che bastino pochi post per sapere tutto su un avvenimento.

Le tecnologie digitali hanno avuto il merito di annullare la differenza fra chi l'informazione la fa e chi la riceve. Una volta questo gradino era insopportabilmente alto al punto che molte firme del giornalismo classico cestinavano le lettere dei lettori che risultavano insopportabilmente critiche, salvo poi dire che erano i loro padroni. Oggi si ha l'obbligo di rispondere a tutti, anche a chi insulta. Tutti. È faticoso, ma è consigliabile. Il lettore, forse, sta un gradino sopra. Ed è meglio così. Nessuna nostalgia. La soglia di accesso per un sito d'informazione, un blog, è molto bassa. Bene. La rete rende possibili affascinanti esperimenti di *citizen journalism,* di elaborazione sofisticata e ragionata dell'immenso patrimonio di dati di cui facilmente si dispone, forme evolute di *fact checking*: preziosissime. Ma ha bisogno di buoni giornalisti, preparati, esperti. E non s'inventano su due piedi. Ci vogliono anni. Non può fare a meno di cronisti attenti che vadano a vedere i fatti con i loro occhi, non fidandosi dell'abbondanza di video, SMS, tweet e post su Facebook. Che vivano le emozioni dei protagonisti, le sofferenze degli ultimi, le ragioni degli avversari e persino dei nemici. Che non siano mai sazi di verifiche, ammettano gli errori di frequente inevitabili, e conquistino la fiducia dei loro lettori, navigatori ogni giorno, ogni ora. Giornalisti indipendenti, con la schiena dritta, che non cedano alla comoda tentazione del conformismo e non accettino di lasciarsi trasportare, per quieto vivere, dalla linea di maggior velocità nel torrente delle notizie. Senza arrendersi alla pigrizia e al conformismo. Dimostrandosi utili alla società e al loro paese, non facendo mancare verità scomode e sopportando sospetti e insulti di chi non le vorrebbe sentire. È accaduto molte volte. Una classe dirigente responsabile affronta per tempo e al meglio i problemi seri che un giornalismo di qualità solleva. Certo, è scomodo, irritante.

Qualche volta a prima vista dannoso. Ma quanti sono i danni di ciò che non abbiamo saputo o non abbiamo voluto vedere. Un buon giornalismo, in qualunque era tecnologica, rende più forte una comunità. Quando tace o deforma, la condanna al declino. Negli ultimi anni in Italia, salvo poche eccezioni, è successo proprio questo.

Amiamo molto questo lavoro

Tra Corto Maltese e Dylan Dog

Entrai al "Corriere dei Ragazzi" che avevo poco più di vent'anni, grazie a una segnalazione di Federico Maggioni, allora capo grafico e raffinato disegnatore. Dovevo sostituire Andrea Bonanni che era stato promosso alla "Domenica del Corriere". Io all'epoca, era il 1973, collaboravo già alla cronaca del "Corriere della Sera". Quella redazione dei "Ragazzi", fratello adulto del più antico e celebrato "Corriere dei Piccoli", mi fece una grande impressione e mi mise addosso una tensione perenne. Le mani sudavano in continuazione. Ero il compagno di banco di Alfredo Castelli. Avevamo un telefono, nero di bachelite, in due. Rispondevo a tutte le sue chiamate. Lui era poliedrico – oggi si direbbe multitasking –, disegnava mentre telefonava, parlava mentre scriveva. Un fiume in piena. Il futuro autore di *Martin Mystère* era funambolico nel pensiero e nell'azione. Stava seduto in un modo strano. Il nostro caposervizio, la futura direttrice dei "Piccoli" José Pellegrini, che mi sembrava burbera e fredda e poi scoprirò dolce e sensibile, lo guardava con disappunto. Indisciplinato, ma geniale.

Il direttore, Giancarlo Francesconi, persona che metteva soggezione, lo si vedeva di rado in redazione. Ne sentivamo però la voce, piena e avvolgente. Le riunioni di programmazione del martedì, da lui presiedute, erano un rito atteso e preparato in modo meticoloso. Il mio compito di redattore era proporre i cosiddetti servizi, cioè le parti del giornale non occupate dai fumetti. Ogni tanto faceva capolino nello stanzone della redazione Mino Milani, allora caposervizio e già affermato autore di *Tommy River*. Viveva chiuso in un piccolo ufficio, sullo stesso piano, e batteva tutto il giorno sui tasti della macchina per scrivere. Rumore oggi scomparso ma teneramente familiare. Una figura austera che metteva soggezione, aggrappata al suo mondo risorgimentale. Ogni parola detta da lui era parte di una sceneggiatura. Lo ammiravo e ne temevo il giudizio.

Il "Corriere dei Ragazzi" era il giornale di Hugo Pratt e di *Corto Maltese*. Il disegnatore emiliano Bonvi, un Vittorio Sgarbi *ante litteram*, ci inondava e divertiva con la sua simpatia trascinante. Con lui, un giovane di studio, assai timido, che poi si affermerà con il nome di Silver. Aldo De Gennaro e Mario Uggeri, illustratori assai noti, passavano intere notti a preparare copertine nostre e della "Domenica". Erano simpatici, goliardi, militanti di sinistra. Altan propose in quegli anni al successore di Francesconi, Alfredo Barberis, che aveva acquisito anche la direzione dei "Piccoli", la serie della *Pimpa*. Albert Weinberg, il papà di *Aquila* e *Dan Cooper*, si precipitava dal Belgio a poche ore dalla chiusura e finiva al volo le sue tavole facendo le ore piccole. Sempre allegro. L'esatto opposto di Toppi, mite e gentile, che consegnava le sue stupende illustrazioni con il capo chino come se non fosse soddisfatto delle sue prove, già allora degli assoluti capolavori.

Grazia Nidasio, autrice di *Valentina Mela Verde*, mi presentò Tiziano Sclavi, un ragazzo molto timido, ma che ogni tanto sorrideva di cuore alle battute di Castelli e di Maggioni. E ne aggiungeva di sue con l'aria di non volerle fare o di farle quasi per caso. Partecipava agli scherzi che Castelli e Maggioni qualche volta si inventavano. Come il mandare al direttore una falsa lettera di complimenti che si concludeva con una richiesta di maggiori storie con Pluto e Qui Quo Qua. "Topolino", insieme al cattolico "Giornalino", era allora il nostro più temibile concorrente.

Sclavi portava delle *desert boot* Clarks, diffusissime, non ideologicamente neutre, con delle stringhe rosse. Rosso sangue. Come la camicia di Dylan Dog. Gli piacevano i film horror di Dario Argento, di grande successo negli anni settanta. Oggi diremmo che aveva l'aria del tipo vegano, del consumatore non occasionale di amuchina. Ma ho il ricordo di conversazioni piacevoli e distese. Un interlocutore colto e arguto. Abitava nel Pavese e amava, come me, l'Oltrepò. Per lunghi mesi tormentai lui e Grazia affinché mi aiutassero a trovare una piccola casa in riva al Ticino. Era la moda dell'epoca. Tutti nella nostra redazione – e in quella attigua di "Brava", diretta da quella straordinaria donna che era Carla Vanni – avevamo la passione bucolica e pauperista della campagna in contrapposizione ideologica ai ritmi disumani della metropoli. Tiziano era invece un uomo da spazi chiusi e vie strette, angoli bui, personaggi mutanti, profili oscuri e improvvisi. La modalità classica del racconto a fumetti. A me il nero ha fatto sempre una certa impressione. Ho odiato le pubblicità nere sui giornali che sporcavano le mani dei lettori. Oggi sono tutte immancabilmente nere. Lui adorava quel nero, da xilografia, che fa da sfondo alle vignette, che dà profondità alle paure e ai sentimenti, che evoca trame gotiche. Ecco il buio che lo attraeva e lo attrae.

Per una coincidenza della storia, quando io lasciai i "Ragazzi", alla fine del 1975, per approdare al "Corriere d'Informazione", lui prese il mio posto. E io ne sono andato sempre fiero. Sono stato sostituito da un grande scrittore, da uno sceneggiatore sofisticato. Al "Corriere d'Informazione" mi occupai subito di cronaca nera. Il primo delitto che mi toccò seguire, come racconterò, mi lasciò turbato, scosso. Pensai di non avere fegato per questo mestiere di cronista di nera. Credo di averlo raccontato a Tiziano, il quale da buon scrittore di gialli e avventure anche violente, ha paura del sangue. Lo descrive, estremo lubrificante delle passioni umane, facendolo scorrere anche addosso al lettore. Ma coltiva una sua asettica distanza dai fatti. Io capii allora di essere un po' il suo opposto. Ero, per professione, testimone di delitti e stragi. Lui li avrebbe raccontati meglio di me, ma non ci sarebbe mai andato. La sua fantasia di scrittore, però, avrebbe superato ogni realtà.

Sono stato un lettore casuale di *Dylan Dog*, lo ammetto. Ma penso che Sclavi, incrociando il poliziesco classico con il fantastico, il paranormale e l'esoterico, abbia dato il la a un genere, abbia segnato una modalità del tutto nuova nel racconto moderno. Non solo nel fumetto, ma anche nel cinema – che lui ha provato forse senza il successo che meritava – e nella letteratura di genere. All'inizio pensai che il disegnatore si fosse ispirato per la figura di Dylan all'autore stesso. "Ma insomma è lui, con quel viso smilzo e un po' patito." Non a Rupert Everett. Quando, al "Corriere della Sera", negli anni novanta, proposi al vicedirettore Giulio Anselmi di fargli scrivere un *feuilleton* a puntate, in Cultura qualcuno insorse. Mi diede una mano Cesare Medail che del fumetto era appassionato intenditore. A qualcuno dei nostri lettori non piacque. A molti giovani sì. Fu un successo, di cui porto un infinitamente piccolo merito. È un peccato esserci visti così poco, ma il legame è rimasto forte. Come se fosse stato stretto da quelle stringhe rosse che mi avevano colpito così tanto e che io non metterei nemmeno sotto tortura.

La foto rubata e i fantasmi della nera

Chissà perché, fra quasi mezzo secolo di ricordi, mi torna in mente questo episodio. Un fattaccio di cronaca nera. Come tanti. Era l'autunno del 1976. Io lavoravo al "Corriere d'Informazione" che era allora l'edizione pomeridiana del "Corriere della Sera". Il direttore era Cesare Lanza, genio e sregolatezza. Un maestro della professione che avrebbe meritato una carriera con più soddisfazioni. Piero Ottone lo stimava moltissimo. Mi scelse, senza conoscermi, al "Corriere dei Ragazzi". Il capocronista era Mario Perazzi, un uomo delizioso nella sua imprevedibilità. I più giovani, Vittorio Feltri, Gian Antonio Stella, Massimo Donelli, Francesco Cevasco, Gian Luigi Paracchini, Lina Sotis e io stesso gli perdonavano tutte le intemperanze, i colpi di testa. Come quello di sposarsi senza essere divorziato dalla prima moglie, Paola Fallaci, che non la prese certo bene. La più celebre sorella Oriana fece il diavolo a quattro. Chiamò il direttore, Benedetto Mosca e l'editore Angelo Rizzoli. "Licenziatelo!" Ci mise nel mirino come complici dell'allegro bigamo. Negli anni successivi tutto si aggiustò e da Donata, la seconda moglie, Mario ebbe una splendida figlia.

Ma torniamo alla cronaca di quegli anni. Si cominciava all'alba. Le giornate erano scandite da un triste rituale. La chiamata pressoché giornaliera di chi ascoltava (non si poteva ma lo si faceva) la radio della questura. E la segnalazione di un attentato terroristico. Non passava settimana che qualcuno, un dirigente d'azienda, un imprenditore, un giornalista, non venisse "gambizzato", come si diceva con un termine terribile. All'uscita di casa per andare al lavoro. Alle 8.30 o giù di lì. Montanelli verrà colpito un po' più tardi. Una scia quotidiana di sangue. Ci si abitua a tutto. Dunque, si poteva scommettere se quel giorno sarebbe accaduto. Con quella scorza di cinismo che, nel racconto della professione, appare leggendario. Io lo trovo semplicemente insopportabile. Come se il buon giornalista non debba avere sentimenti, emozioni. Un affascinante cinico come lo è il protagonista nelle *Illusioni perdute* di Balzac o il *Bel Ami* di Maupassant. E pure antipatico.

La mattina del mio racconto nessuno venne "gambizzato". Il vice di Perazzi, Mario Palumbo, un siciliano esuberante che apriva, con qualsiasi tempo, tutte le finestre della redazione, mi inviò a Corsico. "C'è un delitto, vai." Allora non c'erano né i telefonini né i social network. Si usciva, generalmente, con il fotografo e l'autista. Il fotografo non c'era, quel giorno, e ci avventurammo nella nebbia alla ricerca della via indicata. Oggi con il GPS è una sciocchezza. Allora si sbagliava di frequente. Si finiva anche dall'altra parte della città. Eppure era una corsa contro il tempo. Ogni minuto era essenziale. Alle 9.30 l'articolo doveva essere mandato in tipografia. La prima edizione usciva in edicola intorno a mezzogiorno. Poi si poteva ribattere fino alle due, le tre del pomeriggio. Sono convinto che oggi, nonostante le tecnologie digitali, non riusciremmo più a fare un giornale popolare, sull'impronta, come il "Corriere d'Informazione" di allora o "La Notte" che era il nostro temibile concorrente. Ammesso che ci sia ancora qualcuno disposto a comprarlo. All'epoca radio e TV libere erano agli albori. La RAI dominava dall'alto della sua ufficiale lentezza.

Io e l'autista, abbastanza agevolmente, arrivammo sul posto. Gli autisti, come i fotografi, a volte ne sapevano più di noi giovani. Ci trovammo di fronte a una casa popolare della estrema periferia milanese, proprio al limite del territorio comunale ma già in Corsico. Tutte le volte che in bicicletta faccio il Naviglio Grande – e passo ovviamente da quelle parti – ci penso. Do uno sguardo alla casa. Deve essere cambiato tutto. Ma proprio lì ho avuto un battesimo della professione non del tutto gradevole. Una pattuglia dei carabinieri aveva già preso tutti i rilievi. Ci diedero i nomi della vittima, una giovane donna, e dell'assassino che non poteva che essere il marito, scappato subito dopo il delitto e visto e segnalato dai vicini. Non c'era nessun mistero. Un femminicidio in piena regola. Definizione sconosciuta al tempo. Comparsa nel lessico quotidiano, non senza polemiche, molti anni dopo. Il barbiere del quartiere che fa fuori la moglie a bottigliate. Tutto risolto. Si trattava solo di trovare l'assassino che verrà arrestato pochi giorni dopo. Dove? Nel suo paese natale.

Io cerco di ricostruire, con il mio blocchetto in mano, la vita della coppia, parlo con i vicini, estraggo qualche notizia da un più che silente milite che m'impedisce di entrare nella camera da letto. Insisto. Alla fine l'appuntato scelto mi dice: "La vuol vedere?" "Chi?" "La donna morta." Non faccio in tempo a rispondere che apre la stanza della camera da letto. Angusta. Tutta in disordine. Il corpo era coperto da un lenzuolo bianco. Il carabiniere lo toglie con un gesto secco. Con fare quasi annoiato. E appare il cadavere orribilmente martoriato, di una donna minuta, bionda. Non esisteva uno spazio di pelle contro il quale il marito non si fosse scagliato, con una bottiglia rotta. Un'arma impropria micidiale. Rimasi senza parole.

Il tempo trascorreva inesorabile. Dovevo chiamare in redazione e raccontare all'estensore, che quel giorno era Rodolfo Grassi, i particolari del delitto. Ma sentii subito la voce del vicecapocronista, stentorea, quasi brutale. "E la foto?" Già, la foto. Per un servizio di cronaca vale più del miglior articolo. Oggi impugnerei il telefonino e trasmetterei tutte le immagini necessarie. Negli anni settanta, ma anche molto dopo, o c'era un fotografo che poi correva a sviluppare il rullino o ci si doveva arrangiare. Come? Nel tinello modesto e disadorno, c'era un buffet con due cassetti. Senza farmi vedere ne aprii uno e vi trovai l'album di nozze. Lo sfogliai velocemente. Poi sentii i passi del milite e strappai con un colpo una fotografia della coppia. La nascosi nel cappotto e mi avviai verso l'uscita. Riposi l'album nel cassetto. Corsi giù per le scale, come colto da un'improvvisa euforia. Il servizio era fatto.

Le auto dei giornali dell'epoca avevano un rudimentale servizio di radio. Ci si metteva direttamente in contatto con il centralino del giornale. Mi attaccai alla cornetta di bachelite e parlai con Palumbo. "La foto c'è." "Bravissimo." Era la prima volta che l'arcigno capo si dilungava in complimenti. Per un furto in piena regola. Un atto di violenza in una casa che era già stata percorsa dalla furia omicida. E nessuno di noi ne provava la benché minima vergogna. Tantomeno il sottoscritto: fiero del suo colpo. Poi arrivò la sera. Inesorabile. Andai da solo in un bar di Brera e mi feci portare una birra gelata che scolai avidamente. Non la bevo più da tanti anni. Forse c'è una ragione recondita in questo allontanamento. Il pensiero era fisso a quel corpo dilaniato. A quella giovinezza spezzata. Me ne feci portare un'altra. Poi mi alzai per andare a casa. Appena uscito dal bar vomitai per strada. Non mi conosceva nessuno. Passai inosservato.

Qualche anno dopo, alla fine del 1979, fui trasferito in cronaca al "Corriere della Sera". Il primo servizio che mi fu affidato dal capocronista, un altro siciliano di elegante cinismo, Enzo Passanisi, era quello di passare una notte al pronto soccorso del Fatebenefratelli. Ci andai e poi scrissi il mio articolo. Ricordo la gentilezza del medico di turno, Salvatore Rivolta, che mi fece accomodare, tutta la notte nel suo studio. Visitò soprattutto tossicodipendenti, con un tocco di umanità speciale. Uno di questi mi chiese. "Ma lei chi è? È un infermiere?" Non ebbi il coraggio di dirgli la verità.

Il medico, un professionista di rara disponibilità, insistette più volte: "Non faccia mai il mio nome, per favore, ho già subito delle minacce." Il giorno dopo scrissi il mio lungo articolo sulla notte passata al pronto soccorso del Fatebenefratelli, ma Passanisi fu irremovibile. "Senza nomi non vale niente." Non volle sentire ragioni. E alla fine, pur controvoglia, lo scrissi, quel nome. Vigliaccamente lo scrissi. Si scatenò l'inferno. La famiglia sporse denuncia. Mi prostrai in scuse con la moglie e con il figlio del medico. Mi dissero che avevano ricevuto a casa una telefonata di minacce. Il medico giurò che non avrebbe mai più voluto parlare con un giornalista scorretto come me. Per molte settimane, fui accompagnato dalla paura che gli facessero qualcosa, che lo "gambizzassero" o peggio, come era accaduto in quegli anni, a molti suoi colleghi. Un incubo. Ricordo che una sera mi precipitai, con il cuore in gola, in piazza Aspromonte, a Milano. Un medico era stato colpito a morte. Arrivai sul posto e poi scoprii che non era lui. Un grande sospiro di sollievo, nonostante ci fosse stato comunque un delitto. Ma per mesi vissi nel timore che gli sarebbe successo qualcosa di sgradevole. La causa non fu fatta. Lasciarono perdere. Avrò tempo, in anni successivi, per accumularne una montagna. Il destino ha voluto che nel 1987, ricoverato d'urgenza al Fatebenefratelli, mi risvegliassi durante il giro di visita dei medici. Nella sala entrò con il suo fare elegante il dottor Rivolta. Mi riconobbe? Non lo so. So solo che l'imbarazzo fu gigantesco. Il medico non fece una piega. Mi visitò come tutti gli altri. E mi fece gli auguri. Sapendo che forse un po' di vergogna la stavo provando.

Questi due episodi, ormai sepolti nel tempo ma non nella mia memoria, mi accompagnano come fantasmi discreti. Sono due esempi di come, non raramente, la nostra professione non rispetti la persona, non restituisca la dignità alla gente coinvolta, a vario titolo, in fatti grandi e piccoli di cronaca. Avremo modo di discutere della lentezza dei processi di tante accuse svanite nel nulla nel paese della corruzione che dilaga e delle regole interpretate con elasticità inquietante. Merce da usare senza troppi riguardi. Dimenticando subito di rispondere all'interrogativo morale di spiegare poi, a processi conclusi, com'è finita una determinata vicenda. Non ci rendiamo conto che dietro le persone coinvolte – giusto che siano di pubblico dominio per il sacrosanto diritto di cronaca e di critica – ci sono affetti famigliari, minori del tutto innocenti. Ai quali quei fatti, di cui non portano alcuna responsabilità, rimangono attaccati alla pelle come stigma indelebile. Il giornalista cinico guarda avanti. Incurante di ogni rilievo.

Anni di piombo, le vittime dimenticate

Forse potremmo dire che li hanno uccisi due volte. Chi? Le vittime del terrorismo che insanguinò l'Italia. In due decenni è stato calcolato che i morti siano stati 429. Dimenticati in fretta. Salvo rari casi. Eppure un sano esercizio della memoria aiuterebbe a rafforzare una slabbrata identità nazionale. Le cerimonie del 9 maggio, giorno in cui, nel 1978, venne ritrovato in via Caetani, a Roma, il cadavere di Aldo Moro (e nella stessa data quello di Peppino Impastato, ucciso dalla mafia), non bastano. Nelle scuole non se ne fa cenno, o quasi. Nei mezzi d'informazione si opera una colpevole confusione su episodi, mandanti, motivazioni. Molti responsabili, alcuni dei quali sicuramente non hanno detto tutta la verità, scrivono libri e tengono conferenze. Sono noti. Hanno un loro posto nella storia. Le loro vittime no.

Un solo caso fra i tanti. Chi si ricorda di Nicola Giacumbi? Procuratore capo facente funzioni a Salerno, venne ucciso il 16 marzo 1980. Esattamente due anni dopo il rapimento di Aldo Moro. Aveva 51 anni. I terroristi gli sprararono alle spalle. Facevano parte – i responsabili vennero poi scoperti e condannati – di una colonna locale delle Brigate rosse. Meglio, di un gruppo – come accadrà pochi mesi dopo con Walter Tobagi – che voleva in questo modo accreditarsi con i vertici del terrore. Ricorda qualcosa del dibattito attuale sui "lupi solitari" del jihadismo? Giacumbi aveva subito delle minacce ma rifiutò la scorta. Un investigatore, qualche giorno dopo il delitto, se ne uscì con questa frase: "Sì, sapevamo delle minacce, ma al massimo pensavamo che lo avrebbero colpito alle gambe!" Degli anni di piombo ci ricordiamo i Curcio e i Franceschini, ma non Giacumbi e tanti altri.

Tre giorni dopo quel delitto io stavo seduto alla mia scrivania al "Corriere della Sera". Era un bel pomeriggio di marzo con un vento di tramontana che faceva risaltare i profili delle montagne. L'aria pulita, tersa, com'è raro che accada a Milano. Venni inviato di corsa all'università Statale in via Festa del Perdono. Avevano ucciso un magistrato. Proprio nella facoltà – oggi si chiama dipartimento – di giurisprudenza nella quale avevo studiato e frequentato le lezioni. Raggiunsi facilmente, e prima degli altri, il luogo del delitto. Non c'era angolo della Statale che non conoscessi. Sono nato in via Francesco Sforza, a due passi. L'università l'avevo sempre avuta davanti alle finestre di casa. Mio padre lavorava da anni, come bidello, proprio alla facoltà di giurisprudenza, prima di passare al Rettorato, con Giuseppe Schiavinato, rettore negli anni di piombo. La Statale, ancora oggi, è un po' la mia casa.

Il corridoio al secondo piano era immerso in un silenzio irreale. Il corpo di Guido Galli, 47 anni, magistrato e docente di criminologia, era a terra nel sangue non ancora coperto da un lenzuolo. Sentii la voce concitata di un agente che aveva spinto contro il muro un ragazzo. Un testimone o un complice degli assassini? Bianco in volto, rispondeva a fatica, incespicava nelle parole forse rendendosi conto che così non avrebbe fatto altro che aumentare i sospetti. I tre terroristi di Prima linea avevano avvicinato il giudice Galli mentre era seduto fuori dall'aula 309, nella quale avrebbe dovuto fare lezione, intento a leggere un testo sull'ordinamento penitenziario. Gli avevano sparato tre colpi, due alla nuca. Il codice che aveva in mano era scivolato via e si era simbolicamente aperto a pochi metri dal corpo. Ne scriverà sul "Corriere" il giorno dopo, proprio partendo da questo particolare, Giovanni Testori con tutto il suo apocalittico portato intellettuale. Poi gli attentatori avevano estratto un fumogeno, di quelli in uso ai tempi sulle barche, ed erano corsi via gridando: "La bomba, la bomba."

All'università, Galli c'era andato con la figlia Alessandra, studentessa di legge e oggi magistrato, come la sorella Carla. Toccò a lei, avvertita dagli spari, accorrere subito. Con il cuore in gola. Un brutto presentimento. E riconoscere e abbracciare il padre. Arrivò trafelato, al secondo piano, anche Giampaolo Pansa, che aveva lavorato al "Corriere della Sera" e poi era approdato alla "Repubblica". Un mito per i giovani giornalisti di allora. Aveva in mano il suo blocchetto degli appunti. Come il mio. E si mise a raccogliere le informazioni con umiltà. La lezione di un grande cronista. Il suo articolo il giorno dopo era straordinario. Andrebbe riletto. Il mio, scritto con Paolo Chiarelli, dignitoso e informato. Nulla più.

Armando Spataro, collega di Galli, oggi procuratore capo a Torino, fu subito avvertito e si precipitò lì dal palazzo di giustizia che è poco distante. Aveva in animo di accompagnarlo a casa, la sera, con la sua scorta. Lui l'aveva, la scorta. Il collega, minacciato, no. E poi quella era una sera speciale perché Galli doveva festeggiare l'onomastico del figlio Giuseppe. Ed era la festa del papà. Ricorda che sull'agenda di Galli c'era scritto: "Se mi succede qualcosa telefonate ad Armando Spataro." Sul luogo del delitto arrivò anche l'arcivescovo di Milano, Carlo Maria Martini, da poco nominato alla guida della diocesi da papa Wojtyła. Ancora pressoché sconosciuto. Disse poche parole. Asciutte. Ci sembrarono aride e di circostanza. Avremmo avuto poi il tempo di capirne la profondità.

Galli lasciò la moglie Bianca e cinque figli. In una lettera, pubblicata il 25 marzo 2005 nella rubrica *Dalla parte del cittadino* – tenuta ancora oggi da Gian Giacomo Schiavi nella cronaca milanese del "Corriere" – il figlio Giuseppe parlò delle passioni del padre. Gli piacevano la montagna e i fumetti. Macché eroe, definizione frusta, inflazionata e vuota. Era un padre e un magistrato che faceva il proprio lavoro. Nella lettera, Giuseppe ricorda il sacrificio, un anno prima del padre, di un altro magistrato, Emilio Alessandrini, assassinato il 29 gennaio 1979 a 36 anni, proprio da un commando di Prima linea, dopo aver accompagnato a scuola il figlio, e, poco dopo, di Walter Tobagi. Si domandava perché fossero caduti così facilmente nell'oblio Massimo D'Antona, Marco Biagi e Nicola Calipari. E concludeva: "In un mondo in cui sembra sempre più difficile trovare punti di riferimento, rinnovare il ricordo di questi uomini, vissuti nella più totale normalità non può che far bene a chi non ha avuto la fortuna di conoscerli. Io ho conosciuto Guido Galli, non era un eroe. Era mio padre." Nella stessa pagina del "Corriere" veniva pubblicata la lettera di Sergio Segio, che faceva parte del commando di Prima linea. Segio aveva appena scontato la condanna per l'omicidio. Rifiutava l'idea che il terrorismo fosse equiparabile a una guerra civile. Una guerra civile "a bassa intensità", come da definizione di Giovanni Pellegrino, per anni presidente della commissione parlamentare d'indagine sulle stragi. Riconosceva tutte le sue responsabilità e proponeva una riconciliazione degli animi, citando proprio Martini che aveva visitato in carcere molti terroristi e raccolto le loro confidenze. Perché eravamo arrivati – si chiedeva – a uccidere "uomini buoni e generosi", come li aveva definiti Enzo Biagi? Perché tanta furia omicida? "Per quelle morti," scriveva Segio, "non c'è risarcimento possibile, se non appunto, la memoria. E la coscienza delle degenerazioni cui può portare l'odio politico e la cultura della violenza." Il libro dell'ex leader di Prima linea, cui fece seguito un film, è stato ristampato nel marzo del 2017. Giovanni Bianconi ha riportato sul "Corriere" la reazione di Alessandra Galli. "Trovo inconcepibile che in una società che ha avuto un passato così traumatico," dice la figlia del giudice assassinato, "ci si preoccupi di rievocarlo illustrando ai ragazzi i principi e le motivazioni che lo hanno provocato; tanto più in un contesto generale di grande scontento e disagio come quello attuale." Alessandra Galli non contestava il diritto di parola degli ex terroristi ma lamentava un approccio "che rischia di essere giustificazionista e mistificatorio".

Spataro, nel suo ricordo della figura di Galli, fa cenno all'interrogatorio di una delle responsabili dell'assassinio, Silveria Russo. Lei lo insultò. Poi gli chiese di parlargli in privato e gli spiegò che Galli appariva agli occhi dei terroristi "la mente dell'antiterrorismo" e dunque un bersaglio da colpire perché "legittimava le istituzioni". Spataro incontrerà di nuovo Silveria Russo in anni successivi, trovandola del tutto cambiata. E consapevole dei suoi errori. Ma la sua spiegazione dell'omicidio era maledettamente perfetta. Razionale. Lucida. Per colpire le istituzioni bisognava eliminare i servitori più fedeli dello Stato. Non, come diceva lei, i "repressori più biechi".

In quell'anno di piombo 1980 era già caduto, il 12 febbraio, il vicepresidente del consiglio superiore della magistratura, Vittorio Bachelet, 53 anni. Assassinato dalle Brigate rosse sulle scale della Sapienza, nel mezzanino che porta a scienze politiche. Aveva appena smesso di parlare con una sua giovane assistente: Rosy Bindi. Un giorno prima di Galli i terroristi avevano freddato a Roma Girolamo Minervini, 61 anni, appena investito della responsabilità degli istituti di prevenzione e pena. Il successivo 23 giugno, terroristi di destra avrebbero freddato in un agguato a Roma il giudice Mario Amato, 42 anni. L'elenco può continuare. "Mi ha sempre colpito," ricorda Bianconi, "un dettaglio degli agguati di quegli anni. Minervini freddato dalle BR a bordo di un autobus, Amato dai NAR mentre lo aspettava alla fermata. Ammazzati con grande facilità mentre andavano al lavoro con i mezzi pubblici. Vite normali, spezzate da una follia ideologica e omicida."

Quanti nomi ormai scomparsi nel nulla. Svaniti. Servi dello Stato. Il peggiore degli insulti o il migliore dei complimenti? "Servo dello Stato" era definito nei volantini delle Brigate rosse il vicedirettore della "Stampa", Carlo Casalegno. Morto il 29 novembre 1977 dopo quindici giorni di agonia. Aveva anche lui 61 anni. Io fui inviato in quei giorni a Torino dal "Corriere d'Informazione". La sera dell'attentato andai in ospedale alle Molinette e mi avvicinai alla camera dov'era ricoverato Casalegno. Sulla porta c'era il figlio, Andrea. Gli feci alcune domande. Lui rispose con gentilezza a tutte. Poteva mandarmi via. La mia presenza era irrispettosa. Le mie domande pure. Mai avrei immaginato di lavorare con lui, di essere il suo direttore, al "Sole 24 Ore", tra il 2005 e il 2009 e di presentare al Salone del libro di Torino, il libro che gli era costato molta fatica e dolore. Nell'*Attentato* (Chiarelettere, 2013), Casalegno ricostruisce la sua militanza in Lotta continua. Il rapporto difficile con il padre – assente come molti giornalisti, ne sa qualcosa chi scrive – il suo senso di responsabilità per quelle "parole d'ordine che affascinarono le menti più fragili fino a trasformarle in combattenti per la rivoluzione". Ho di Andrea il ricordo di una persona gentile, colta, sopraffatta da una cappa di tristezza e da un infinito senso di colpa. La morte dell'amata moglie Betta. E una sua frase che non potrò mai dimenticare: "È come se mi avessero spezzato le ali." Forse quelle ali erano già spezzate la sera di novembre nella penombra triste di un ospedale torinese.

Siamo tutti americani e *La rabbia e l'orgoglio*

Una giornata piatta, insignificante. Così sembrava quell'11 settembre 2001. Ricordo che andai a pranzo con l'allora prefetto di Milano Bruno Ferrante. Chiacchiere intorno ad argomenti che di lì a pochi minuti sarebbero stati spazzati via da un tornado di emozioni e sentimenti che avrebbe cambiato tutte le nostre vite. Per sempre. Le telefonate cominciarono ad accavallarsi. Freneticamente. Non capivamo che cosa stesse succedendo. Gli occhi erano fissi a quell'immagine della prima torre colpita, con il fumo che la avvolgeva. Il mondo sembrava paralizzato nello sguardo fisso e incredulo a quello che stava accadendo a New York. Non c'erano i social network. Il ritmo delle notizie veniva scandito dalle agenzie e dai canali televisivi.

Il giornale reagì con l'eccitazione nervosa dei grandi avvenimenti ma non aveva in sé, nella propria memoria storica, la misura di un fatto che nessuno avrebbe mai potuto immaginare. L'America sotto attacco. Non era accaduto nemmeno durante la seconda guerra mondiale che una città o un luogo sul suolo statunitense fosse colpito, visto che l'unico attacco subito si era limitato alla base navale di Pearl Harbor, sulle isole Hawaii. Quella misura il "Corriere" la trovò subito, quasi per reazione riflessa. Si diffuse in redazione la consapevolezza di vivere un tragico tornante della storia. La necessità di capire, il dovere di documentare. Cominciò incessante, febbrile, un lavoro che sarebbe andato avanti per settimane, nella difficoltà di muovere gli inviati con i cieli che inesorabilmente si chiudevano dando l'impressione che il mondo si fosse di colpo ripiegato su se stesso. Come un gigante ferito che si scopre all'improvviso debole e indifeso. Penso che ognuno di noi si sentisse un po' smarrito, ma la professione del giornalista richiede una freddezza che a volte viene scambiata per cinismo. Emozionarsi troppo significa non far bene il proprio mestiere. Guardavamo – e ascoltavamo nei racconti degli inviati e dei testimoni – gli sforzi sovrumani dei pompieri di New York che cercavano di salvare il maggior numero possibile di persone mentre i corpi di coloro che al fuoco preferivano la morte gettandosi nel vuoto piovevano al suolo come grandine umana. I soccorritori non potevano emozionarsi, non potevano essere travolti dalla paura.

Ecco, i giornalisti, sia quelli sul campo sia quelli nelle redazioni, fecero – certo meno eroicamente – la stessa cosa. Seguimmo con angoscia crescente lo schianto del secondo aereo sull'altra torre, le notizie frammentarie sul velivolo precipitato sul Pentagono, il misterioso volo dello United 93. Il crollo delle torri, la prima stima dei morti (ventimila?) poi risultata più che esagerata. Ma cercammo di mantenere, e non fu facile, quel sottile distacco – lo stesso che ha un chirurgo in sala operatoria – necessario per dare conto, nel modo migliore, di un avvenimento epocale. Mi vennero in mente, in quel momento, le parole di Margaret Bourke-White. Quando entrò nel campo di Buchenwald, la celebre fotografa americana raccontò che il dolore indicibile e l'abisso disumano della Shoah la paralizzarono al punto da impedirle di lavorare. Riuscì a scattare le immagini che documenteranno la grande tragedia del Novecento (preziosissime) solo facendo finta di avere davanti a sé una specie di velo protettivo, una sorta di anestetico dell'anima. Accadde qualcosa di simile anche a noi, in quelle ore, in quei giorni, in cui avremmo voluto fermarci e interrogarci sul nostro destino.

Il "Corriere" del 12 settembre fu il frutto straordinario di un grande lavoro collettivo, un'edizione leggendaria. Il titolo era *Attacco all'America e alla civiltà*. La minaccia era globale, un assalto ai nostri valori occidentali, purtroppo proseguito con la nascita del sedicente stato islamico e la catena di episodi di terrore che avrebbe insanguinato gli anni a venire. Nei pochi attimi in cui restai chiuso da solo nella mia stanza a pensare che cosa avrei scritto nell'editoriale, scelsi di dare un colpo di telefono al cardinale Martini per capire qualcosa al di là dell'emozione fortissima del momento. Poi mi tornò alla mente la frase di John F. Kennedy pronunciata a Berlino Ovest, divisa dal Muro, il 26 giugno 1963. *Ich bin ein Berliner*, io sono un berlinese. "Tutti gli uomini liberi, dovunque essi vivano, sono cittadini di Berlino." Tutti gli uomini liberi, quel giorno, ovunque si trovassero, erano cittadini americani. E nacque quel titolo: *Siamo tutti americani.*

Il giorno dopo è sempre il più difficile. Quando accade un grande fatto, la reazione di un giornale è istintiva, immediata. Si percepisce il movimento indistinto di un immenso corpo del quale nemmeno il direttore conosce le proporzioni. Si mobilitano forze inattese. Arrivano contributi da ogni parte. Si riempiono pagine di emozioni, racconti in prima persona. C'è uno sgomitare di primedonne. E per fortuna che ci sono. Ma un giornale ha il dovere di cercare un senso, una spiegazione profonda, di incrociare competenze, di offrire un quadro ordinato dell'importanza e della concatenazione dei fatti. Di essere per il proprio lettore non solo una bussola affidabile ma un porto sicuro per identità scosse, solitudini inattese. Ed è il compito che spetta a un grande scrittore: Oriana Fallaci. Scrittrice? No, lei detestava la coniugazione al femminile. Non ne ha mai fatto una questione di genere. Con Oriana ci eravamo incontrati poco tempo prima a una cena in casa dell'allora amministratore delegato della RCS, Claudio Calabi, presente anche il responsabile della RCS Libri, Gianni Vallardi. Ed era stata simpatica, aperta, sorprendentemente disponibile. E dunque ci sentimmo quel 12 settembre nel quale il mondo non sapeva che direzione avrebbe preso la storia, ci si aspettava un conflitto globale, una reazione americana dura e proporzionata. Esistono nella vita i momenti di vuoto che assomigliano al silenzio improvviso dopo lo scoppio di una bomba, un attentato, un terremoto. Sono attimi interminabili. Come in *Fino alla fine del mondo*, il film di Wim Wenders: il motore di un aereo che smette di funzionare di colpo. E il volo è sospeso nel nulla. C'è il vuoto. Le parole di Oriana al telefono da New York erano un misto di scoramento e indignazione. "Vieni su, quando puoi, al più presto." L'idea era quella di fare un'intervista. Io presi l'aereo per New York il 15 settembre appena riaperti i cieli e ripristinati i voli di linea. Difficile descrivere quei momenti di paura e sbandamento che si avvertivano fin nei piccoli dettagli. Arrivai in una New York spettrale, con il fumo che ancora si alzava da Ground Zero, un odore acre e persino dolciastro di morte che ammorbava l'aria. Mi avevano prenotato una camera al Waldorf Astoria. La hall deserta, il bar con due persone con gli occhi incollati al televisore, una gentilezza artificiale, le parole pronunciate con fatica e disperazione. Ogni persona che incontravi aveva il pensiero altrove. A quelle torri crollate, a quelle immagini che venivano ossessivamente ripetute e che, a un certo punto, giustamente, si decise di non trasmettere più.

Oriana mi aprì la porta del suo *brownstone* al numero 222 della 61esima Strada con uno sguardo insolitamente dolce, come se avesse avuto voglia di uscire dall'isolamento, di parlare con qualcuno. La casa era piena di libri. Lei sempre con la sigaretta accesa tra le mani. Discutemmo a lungo di quello che era accaduto. Del fondo che avevo scritto, del quale approvava solo il titolo. Se la prese con un testo, per la verità scritto con estrema fretta e, immagino, molta emozione da una collega che era stata testimone degli attacchi. La prima pagina del "Corriere" del 12 settembre le piaceva. La fotografia che la colpì di più era quella di un uomo che precipitava da una delle due torri. A testa in giù, conservando però una sua eleganza, una sua tragica compostezza. Poi cominciammo a parlare dell'intervista. Ma lei l'aveva già scritta. Domande e risposte. E la lesse ad alta voce. Ascoltandosi. Le piaceva molto ascoltarsi. La voce assumeva un tono teatrale, la lingua nel suo accento toscano esplodeva in tutta la sua vitalità. "Benissimo, Oriana, ma sei tu che intervisti te stessa." Lo avrebbe peraltro fatto di lì a qualche mese. "Lo so, tu vuoi l'articolo, voi direttori volete l'articolo." La voce s'inaridì di colpo, si alzò e se ne andò in cucina. Io pensai: "Adesso mi caccia, è finito tutto." Si fece sera. "Mangiamo qualcosa? Usciamo?" dissi io. "No, ho delle aragoste in frigorifero, cucino io, ci vorrebbe dello champagne." Uscii in una città che respirava con lentezza e tentava disperatamente di recuperare, in ogni suo angolo, un briciolo di normalità. Lo champagne preferito di Oriana era il Crystal. Lo trovai abbastanza facilmente. Il negoziante mi guardò male. “Che cosa avrà mai questo qui da festeggiare?” doveva aver pensato. La cena fu assolutamente gradevole perché parlammo di tutto, volle sapere della mia vita privata. Il tempo trascorreva veloce. Si rabbuiò quando sentì i rumori fatti da alcuni avventori o autisti di un locale notturno adiacente. “Bastardi!” Erano di origine araba. Ebbe la tentazione di aprire la finestra e dirgliene quattro. “Oriana, e poi dici che sei costretta a barricarti in casa.” Riparlammo del testo. “Non vuoi fare un articolo? Bene, scrivi una lettera a me.”

La mattina successiva mi presentai con un mazzo di fiori che Oriana non mostrò di gradire molto. Non avevo il coraggio di tornare sull'argomento. Le feci leggere, sul mio computer, un possibile testo di presentazione. Lei lo lesse sullo schermo con un certo fastidio, togliendosi e mettendosi continuamente gli occhiali. E tossendo molto, segno della sua malattia della quale ogni tanto parlava. Un altro nemico, da battere. Il mio testo non le piaceva, io citavo *Penelope alla guerra*, *Insciallah*. Niente da fare. “Lo riscrivo.” “Anzi,” dissi, “meglio che non scriva nulla, fai tutto tu.” Oriana si illuminò assaporando una piccola vittoria. “E come pensi di metterlo in prima?” “Farei un palchettone a nove colonne.” C'erano ancora le nove colonne. Insomma, l'apertura del giornale. Il testo verrà pubblicato il 29 settembre e occuperà quattro pagine d'inserto centrale. "E il titolo?" Già il titolo. La discussione non fu breve. Mettemmo sul tavolo, come nel gioco di Shanghai, una serie di ipotesi. Alla fine io mostrai di gradire *Il massacro e l'orgoglio*. Lei lo corresse. *La rabbia e l'orgoglio*. E quello fu il titolo. Il testo cominciava con "Mi chiedi..." Poi litigammo e lei cambiò l'attacco nell'edizione, un successo planetario, del libro.

“Il Sole” e la bolla dei *subprime*

Io ho avuto la fortuna e il privilegio di lavorare due volte, nella mia lunga carriera, al “Sole 24 Ore”. La prima, come caporedattore, con Gianni Locatelli, grande timoniere e maestro, nel 1986-1987; la seconda come direttore responsabile nel periodo 2005-2009. “Il Sole 24 Ore” è insieme un ottimo giornale, con una storia, un insostituibile strumento di lavoro, una guida indispensabile per decodificare la complessità, non solo economica, del nostro tempo. I grandi giornali sono questo: una parte determinante dell’identità di un paese. Lo raccontano, lo interpretano, lo rappresentano. Al meglio.

Nei miei quattro anni abbondanti di direzione, ho avuto l’onore di lavorare con una redazione di ottima qualità e mi sono avvalso del contributo di colleghi di direzione cui va ancora oggi il mio ringraziamento: Gianfranco Fabi, Elia Zamboni, Edoardo De Biasi, Alberto Orioli. I presidenti della società editrice, Innocenzo Cipolletta prima e Giancarlo Cerutti poi, con gli amministratori delegati

Giuseppe Cerbone e Claudio Calabi, hanno garantito solidi investimenti e una non comune attenzione agli aspetti più squisitamente editoriali. Con la presidenza di Confindustria – Luca di Montezemolo prima ed Emma Marcegaglia poi – il rapporto è sempre stato cordiale e di reciproca fiducia. Una collaborazione nel rispetto dei ruoli. La proprietà non ha mai interferito nelle scelte redazionali. Durante il mio periodo di direzione la casa editrice è entrata in borsa. La quotazione è stata un errore? A giudicare dall'andamento del titolo successivo al collocamento, si potrebbe dire di sì. Ma l'apertura al mercato era una via obbligata per un giornale che ambiva e ambisce a essere il giornale di tutta l'economia italiana. In ogni caso, mi prendo la mia parte di responsabilità. Critiche al processo di quotazione furono ospitate sullo stesso giornale.

Nel luglio del 2006 lanciammo il manifesto delle piccole imprese, non per un omaggio retorico alle piccole dimensioni, tutt'altro. Ma per permettere loro di crescere di più e meglio, resistere all'abbraccio soffocante della burocrazia, costituirsi ed emanciparsi come reti o distretti. Il manifesto voleva riconoscere a cinque milioni di piccole aziende anche il loro ruolo sociale, di collante del tessuto civile, che a volte la politica trascura. Sono cellule di nuova socialità, svolgono un compito di supplenza dello Stato, tengono in piedi interi territori. Senza di loro, i legami della nostra comunità si lacerano e scompaiono. Un tema d'attualità.

Il giornale in quegli anni si fece interprete delle aspettative e dei malumori di quella che chiamammo la "generazione pro-pro", produttori e professionisti, gli artefici dell'italianità del lavoro, i "medici condotti" della congiuntura, senza i quali non si ripristina né la fiducia né l'orgoglio di vivere in un paese economicamente evoluto.

La grande crisi finanziaria, che ebbe origine con lo scoppio della bolla dei subprime nel 2008, fu prevista, raccontata e indagata dal "Sole" grazie ai suoi giornalisti e commentatori. Non smetterò mai di ricordare che, molto prima del manifestarsi dei primi sintomi del terremoto finanziario, il 4 febbraio 2005, apparve un editoriale di Edoardo De Biasi dal titolo: *Contratti derivati, una bomba nascosta*. Un'inchiesta accurata rivelò quanti ve ne fossero, nascosti, nei bilanci di comuni e regioni. E chi ha la pazienza di rovistare negli archivi troverà un articolo del 19 agosto 2006 dal titolo: *Gli hedge ora speculano sui mutui*. Ecco a che cosa serve, tra le tante altre cose, un giornale serio e libero. Serve a dare ingredienti utili al pubblico affinché si formi un giudizio articolato e approfondito. Serve a mettere in guardia la politica e la classe dirigente dai propri errori. Se dovesse tessere solo le lodi di chi governa perderebbe ogni utilità.

Non è vero poi, come molti pensano, che la crisi bancaria non sia stata prevista per tempo. Claudio Gatti, ma non solo lui, indagò sui bilanci della Banca Popolare di Lodi

(*Un filo rosso lega Bipop alla Lodi*, 25 agosto 2005), svelò gli intrighi di Fiorani (*Castelli di carta a Lodi*, 17 settembre 2005), i maneggi di Ricucci (*Conti e misteri del finanziere Ricucci*, 10 giugno 2005). Le criticità della Popolare di Vicenza, per fare solo un esempio, vennero segnalate su "Plus", diretto da Marco Liera, in un articolo di Stefano Elli del 10 gennaio 2009 nel quale si definiva la banca di Zonin una *hedge bank*, proprio nel momento in cui la stima sul valore delle azioni raggiungeva i 60 euro. La protesta contro quel "pezzo" fu corale di tutta l'industria del Triveneto. Bisognava insistere però, essere più aggressivi. Grazie alla preparazione di Gianni Dragoni, "Il Sole" prese una posizione contraria al proprio azionista impegnato nella cordata patriottica per tentare di salvare l'Alitalia. E calcolò già allora, in un articolo del 6 settembre 2008, il maggior costo per la collettività (e in parte per azionisti e obbligazionisti) della proposta dei cosiddetti "capitani coraggiosi": fra i 3 e 4 miliardi. Le segnalazioni di inchieste e articoli del giornale potrebbero essere numerose. "Il Sole" si è avvalso del contributo di grandi professionisti, come Fabio Tamburini, poi passato a dirigere con successo Radiocor e Radio24, Paolo Madron, Walter Passerini, Walter Mariotti, ma soprattutto può far leva ancora oggi su una redazione con un ottimo livello di serietà professionale.

"Il Sole", in quegli anni, non cedette ad alcuna retorica nazionalistica, non partecipò a nessuna campagna pregiudiziale, non ebbe bersagli precostituiti. Ragionò sui fatti, sulla praticabilità delle misure, con il metro del buonsenso, in un continuo confronto con le migliori pratiche internazionali. Costante fu la denuncia degli insopportabili costi della politica e della pervasività della corruzione e del malaffare. Il giornale non piacque né a Prodi né a Berlusconi.

Nei quattro anni della mia direzione, furono diverse le novità editoriali, rese possibili da un costante impegno della redazione e dell'editore. La rivisitazione e il miglioramento di tutte le sezioni del giornale, una moderna riforma grafica, il lancio di "Nòva", diretto da Luca De Biase, il completamento delle edizioni locali, la pubblicazione di collane di libri di notevole successo. Un'attenzione costante all'informazione di servizio, vero fiore all'occhiello del "Sole 24 Ore", uno sguardo non convenzionale alla politica con l'indimenticabile nota di Stefano Folli, una proiezione internazionale ancora maggiore con l'apertura – in controtendenza rispetto agli altri quotidiani – di sedi di corrispondenza estera. "Il Sole" è il Baedeker indispensabile del moderno cittadino di un'economia evoluta. Oggi è diretto da Guido Gentili. È in buone mani.

Post verità e il giornalismo ancor più necessario

Non esiste la libertà senza regole. E questo vale anche per la libertà di stampa. Io non credo che l'"architrave della democrazia" – perché questa è la funzione, non dimentichiamolo, di una stampa libera e responsabile – possa essere rappresentata da un magma vociante e indistinto di notizie non selezionate e autoprodotte da chiunque. La professione ha le sue colpe. Indiscutibili. Io sono molto critico con quel modo sciatto di fare giornalismo "un tanto al chilo di audience", provocando polemiche artificiose, suscitando risse televisive, dell'uno contro l'altro a prescindere. Il giornalismo della pancia "che dice pane al pane, vino al vino", delle cronache ruspanti che fingendo di avvicinarsi al lettore non esitano a far uso di parolacce. Il turpiloquio c'è in Catullo, in Boccaccio, in Carlo Emilio Gadda, in Pier Paolo Pasolini. Ma questo non giustifica la volgarità dilagante, ingrossata dalle piogge torrenziali della rete. Si è volgari anche non usando parolacce e termini triviali e, al contrario, si può essere colti e raffinati usandoli. Dipende dalla qualità del discorso, da chi lo fa, dipende dalle necessità della cronaca che a volte non può farne a meno. Cesare Zavattini, lo sceneggiatore di *Ladri di biciclette*, il 25 ottobre 1976, stava conducendo la trasmissione radiofonica *Voi ed io, punto a capo.* "E adesso vi dirò una parola che finora alla radio nessuno vi ha mai detto." Pausa, quelle alla radio sono interminabili. "Cazzo." E fu polemica infinita. Alla regia di quella trasmissione della RAI, che fece epoca, lavorava un giovanissimo Beppe Grillo, il quale in un certo senso rappresentava l'azienda, del tutto all'oscuro del proposito del conduttore. Insomma, Zavattini aveva spiazzato Grillo che, forse, avrebbe dovuto censurarlo.

Questo episodio mi è venuto in mente in margine alla polemica scatenata dalla proposta del leader dei 5 Stelle di sottoporre l'informazione a una sorta di comitato della verità, composto da comuni cittadini estratti a sorte, con tanto di gogna per i direttori colpevoli di omesso controllo, che immagino dovrebbero sfilare per le strade con il cappello della vergogna come accadeva durante la rivoluzione culturale cinese. Pochi giorni prima, alla fine del 2016, lo stesso leader dei 5 Stelle si era scatenato contro l'idea di regolamentare il web suggerita, in una intervista al "Financial Times", dal presidente dell'antitrust italiano. Giovanni Pitruzzella aveva suggerito la creazione di agenzie pubbliche nazionali, coordinate a livello europeo, per contrastare la diffusione delle "bufale" che, formando una coriacea post verità, alimentano le pulsioni populiste. Non si tratterebbe di censura, secondo Pitruzzella. Il web resterebbe libero ma una sorta di "entità terza" segnalerebbe agli utenti i casi più clamorosi di contraffazione. Grillo ha reagito bollando la proposta come la volontà del potere di costituire "un nuovo tribunale dell'Inquisizione". Insomma, la rete nasce libera e deve restare libera, secondo il comico, il quale invece prefigura una crociata contro i "fabbricatori di notizie false" del giornalismo tradizionale.

Grillo come tutti gli uomini di potere ama gli adulatori e gli scendiletto. Detesta i disturbatori. Gli articoli sgradevoli tende a rimuoverli con gli insulti. Me ne arrivarono diversi quando ero direttore del "Corriere". Decisi di non rispondere. Non ne valeva la pena. Anche Gianroberto Casaleggio, persona che ho apprezzato per la sua competenza sulla rete (suo il successo del blog di Grillo), aveva un atteggiamento simile. Era convinto che la stampa tradizionale fosse soltanto una propaggine dell'articolazione del potere all'interno di una società. Tendeva a escludere l'indipendenza che è il portato della preparazione e della coscienza del ruolo di un buon professionista. Credeva che fossimo tutti ingranaggi di un sistema perverso. Ricordo quando lo invitai, nel 2011, a tenere una conferenza in sala Albertini alla prima linea dei giornalisti del "Corriere". Casaleggio non era un simpaticone, non faceva nulla per ingraziarsi l'uditorio. E, infatti, in quella occasione disse che saremmo tutti morti di lì a pochi anni e che, alla fine, sarebbe rimasto in vita un giornale solo. Noi o “Repubblica”? Non sciolse l’enigma. La rete, nel suo pensiero, avrebbe garantito una buona informazione con un sistema incrociato di *fact checking* e assicurato un esercizio di democrazia diretta con la scelta dei candidati e il loro costante controllo democratico da parte degli elettori.

Il giornalismo, nell’ideologia grillina, è equiparato alla democrazia diretta della rete. Il cittadino si informa e sceglie i propri rappresentanti allo stesso modo. Non ha bisogno di intermediari professionali. Fa tutto da solo. Si fida dei suoi simili, di quelli che la pensano come lui. E i risultati, purtroppo, si vedono. Nell’indicazione, del tutto casuale, di sconosciuti o quasi per le cariche pubbliche, salvo poi delegittimarli al primo infortunio. Nello scambiare per buona informazione tutto ciò che viene prodotto e autoprodotto dalla rete. Senza filtri, senza una selezione. È questa una forma subdola di censura. Quando un navigatore, un utente, ha a disposizione, o crede di aver a disposizione, tutto, tende a considerarsi libero e autosufficiente. Ma non ha alcuna chiave di lettura degli avvenimenti, non possiede un codice di selezione e di rilevanza che solo un giornale con una storia e una credibilità può dargli. Il suo pensiero critico si riduce al minimo. Si impoverisce, fino ad annullarsi, in un’abbondanza apparente e sterile di notizie e commenti. Non è più un cittadino informato, bene o male, da un insieme di organi di diverso orientamento e identità, si trasforma progressivamente in un suddito della rete, materiale inerte per ogni pulsione autoritaria, per ogni propaganda basata sull'eccessiva semplificazione della realtà. Esposto a ogni credenza, pregiudizio, falsa verità. Indotto a credere a complotti suggestivi e romanzeschi e incline a individuare con facilità capri espiatori. Non è un caso che tra gli eletti dei 5 Stelle ci siano persone convinte che lo sbarco sulla Luna non sia mai avvenuto o vi siano seguaci di strane teorie sulle scie chimiche.

Ha ragione il musicista Brian Eno che sul "Corriere" del 4 gennaio 2017 ha parlato di "trappola cognitiva". L'abbondanza di fonti indistinte, come quelle selezionate dai motori di ricerca, alimenta il "pregiudizio di conferma". Si selezionano con più facilità i siti, i blog che confermano i nostri dubbi e le nostre credenze. Accettare idee diverse e controllarle, sviluppando il beneficio del dubbio – che un buon giornale assicura nel pluralismo della qualità delle sue fonti – costa fatica. Informarsi bene richiede applicazione, tempo. Non può esaurirsi con un'occhiata a una homepage o con la lettura sbrigativa di un sommario qualsiasi. Il *surfing* delle notizie è il trionfo della superficialità. La sensazione di vivere sempre in diretta e di essere un testimone oculare dei principali avvenimenti sviluppa una pigrizia che rende il navigatore refrattario a ricostruzioni diverse da quelle accettate dal grande corpaccione della rete, che è una specie di marsupio che rassicura e stordisce.

Nell'ideologia della rete di marca grillina, ma non solo, vi è la tenace banalizzazione di tutto ciò che è competenza ed esperienza, insomma delle qualità di cui si nutre o dovrebbe nutrirsi il buon giornalismo. Un atteggiamento oscurantista che banalizza la scienza, ingrossa le fila di quelli che pensano che i vaccini creino autismo, dà spazio agli sciamani della medicina fai-da-te. Un blog magari anonimo finisce per essere più credibile di un medico. Il complottismo impera perché semplifica la realtà, fornisce alibi al disimpegno. E trova un colpevole per tutto, anche e soprattutto quando si tratta di mascherare limiti personali.

Questa è la deriva che una democrazia evoluta deve evitare. Il giornalismo di qualità, responsabile e avveduto, è oggi ancora più indispensabile. I social network sono mezzi straordinari ma non sostituiscono di per sé un buon giornale. Anzi si alimentano di ciò che le testate ufficiali scrivono e spesso ne modificano, in un infinito passaparola, i contenuti.

Anche nell'era degli *users generated contents* il cronista che vede, spiega e interpreta è essenziale a una comunità che non voglia vivere solo di verità ufficiali, che voglia preservare il pluralismo, anche e soprattutto politico. I limiti possono e devono venire soprattutto dall'autodisciplina dei giornalisti, sui difetti dei quali mi sono già espresso. Le regole sono necessarie, come avviene nella carta stampata, dove la responsabilità di chi scrive è sempre rintracciabile. Il rispetto degli altri diritti soggettivi sacrosanto. Il diritto all'oblio va, per esempio, in quella direzione. La lotta alle false verità potrebbe essere utilmente condotta – non da impraticabili enti di sorveglianza – ma con un diverso senso di responsabilità dei cosiddetti *over the top*. È intollerabile che Facebook e gli altri sfuggano ancora a una responsabilità editoriale che si pretende, giustamente, per giornali e televisioni, il cui potenziale informativo è abissalmente inferiore.

Questi soggetti non sono degli intermediari neutrali. I loro algoritmi tendono per definizione a far incontrare i simili, ad avvicinare persone con gli stessi gusti, le stesse preferenze. Se la cura con cui si profilano gli utenti, magari per fini pubblicitari, fosse impiegata per non ampliare oltre misura la diffusione di notizie incomplete o false ma compatibili con le preferenze dei navigatori, già faremmo un grande passo avanti. Il tema più delicato è quello dell'anonimato. Giustificarlo troppo è come permettere alla gente di andare in giro per la città mascherata a insultare e molestare chiunque. Mettersi il casco sulla rete e nascondersi dietro a un *nickname* sarebbe sinonimo di libertà. Ciò è comprensibile in un regime autoritario, lo è decisamente meno in una democrazia che tutela ogni forma di espressione. L'anonimato è la piaga del web, inutile girarci intorno. E spiega anche la facilità con la quale si creano bufale e false verità.

Qui entriamo nel dibattito sviluppatosi recentemente sul tema della post verità. La parola, che in sé ha già una decina di anni, grazie a due avvenimenti fondamentali del 2016, la Brexit e l'elezione di Trump, ha assunto un posto d'onore come parola dell'anno scelta dall'*Oxford Dictionary*. Mi ha sempre incuriosito riflettere sul valore delle singole parole. Post verità indica un fenomeno per cui il fatto, in sé potenzialmente verificabile, passa in secondo piano rispetto all'impatto emotivo che suscita e il post indica il superamento, l'irrilevanza del fatto presentato.

La direttrice del "Guardian" Katharine Viner ha scritto un articolo, *How Technology Disrupted the Truth*, assai significativo. Ha raccontato di come la post verità abbia influenzato fortemente il referendum sulla Brexit del 23 giugno 2016. Il leader dello UKIP, Nigel Farage, ha candidamente ammesso che il risparmio di 350 milioni di sterline alla settimana per il sistema sanitario inglese una volta fuori dall'Europa era solo una colossale bugia. Viner parla dell'indebolimento dell'importanza sociale della verità. Non è tanto importante che un fatto sia vero, è essenziale che la gente ci clicchi sopra, lo condivida. La velocità di diffusione di una notizia vera o falsa ha rivoluzionato l'ecosistema dell'informazione e finito per premiare più la tempestività dell'accuratezza. Arron Banks, il finanziatore più generoso dello UKIP, ha spiegato con efficacia che "i fatti veri non funzionano". "Abbiamo scelto," ha detto, "un approccio all'americana, la campagna per il *re-*

main era basata su una lunga elencazione di fatti e cifre. Veri. Noi abbiamo deciso di coinvolgere la gente emotivamente, come ha fatto Trump." Le parole di Banks sono illuminanti sul funzionamento della post verità.

Siamo chiari. Le bugie sono sempre esistite; hanno sempre fatto parte dell'armamentario elettorale. Che cos'è cambiato, allora, oltre alla tecnologia dell'informazione e la velocità di diffusione propria dei social network? L'accertamento dei fatti è diventato secondario, persino inutile. Prevalgono la sceneggiatura e lo *storytelling.* Una notizia può rivelarsi alla fine falsa, ma se è stata ben costruita, condivisa, conserva una sorta di verosimiglianza, di legame indiretto con la realtà. "Sì, d'accordo, non è così, ma potrebbe benissimo essere così." Questo è il ragionamento del navigatore comune. Se Trump è il simbolo del malessere del cittadino qualunque, se dà voce alla frustrazione del declino della classe media americana e persino di quella operaia, è del tutto irrilevante che dica la verità. E il paradosso è che sia votato come alfiere della rivolta contro l'establishment proprio il candidato che appartiene all'1 per cento più ricco della popolazione e che nomina subito, tra i suoi collaboratori più stretti, esponenti delle banche d'affari, come il segretario al Tesoro Steven Mnuchin. I siti di *fact checking* non hanno mancato di segnalare tutte le bufale o le *fake news* di cui si è alimentata la campagna elettorale dell'attuale presidente degli Stati Uniti. Ma quest'opera di accertamento della verità, che la rete rende possibile e meritoria, si è rivelata persino controproducente. In un'altra era, un candidato che avesse lodato il capo del Cremlino preferendolo all'inquilino della Casa Bianca, sarebbe stato estromesso dalla corsa.

La rete tende a raggruppare i simili, a creare comunità d'opinione o di semplice affinità di gusti. È una piazza libera – ed è la neutralità della rete un grande valore – ma suddivisa in tanti capannelli che generalmente non comunicano tra loro. La tendenza a costruirsi una realtà immaginaria, a cadere nella "trappola cognitiva" di cui parla Eno, porta a dare peso al verosimile che spesso è la semplice proiezione sulla realtà di quello che si vorrebbe accadesse. "Le storie false," ha raccontato Paul Horner, fondatore di siti di *fake news* come *newsexaminer.com*, "devono essere verosimili". Horner guadagna – ha confessato a Serena Danna su "La Lettura" – diecimila dollari al mese fabbricando notizie false che vengono cliccate da milioni di persone. Si è inventato che Obama stava costruendo un museo per musulmani, che i manifestanti anti Trump erano pagati 3500 dollari al giorno dai democratici. Ma sostiene che Trump lo ha superato. È più bravo di lui. Ha affermato che il cambiamento climatico è una bufala, che Obama non era americano. E via di seguito. Timothy Garton Ash, autore di *Free Speech: Ten Principles for a Connected World* (2016), è convinto che, a maggior ragione nell'epoca della post verità, il ruolo del giornalismo di qualità sia ancora più importante. Del resto – nota Ash – Orwell e Solženicyn non si arresero a Göbbels e Stalin. E la verità, citando Milton, in campo aperto prima o poi trionfa. Le dittature si sono alimentate di post verità. E il Novecento insanguinato è stato disseminato di pregiudizi ideologici.

I testi di storia e una buona cronaca, che rispetti fatti e persone, possono aiutarci a dare senso a una cittadinanza vera. Non scomodiamo Dante, che pure ha dedicato un girone dell'inferno a quelle anime che, come Ulisse, hanno fatto un uso peccaminoso delle loro lingue ingannando o frodando e, per questo, sono destinate al tormento di vivere fasciate in lingue di fuoco, come le loro. Ma esiste una questione etica che ha radici profonde in tema di verità. Da Platone, che considerava l'esistenza di due tipi di retorica, una cattiva ma anche una buona, e quella buona è coniugata con il rispetto delle persone. Sino a Roland Barthes (*La retorica antica*, Bompiani, 2002), che ha ben focalizzato la funzione morale della retorica e quindi, a ben vedere, della comunicazione in senso lato. L'ambiguità della lingua è un'arma da maneggiare con responsabilità etica assoluta. Nell'era della post verità c'è molto lavoro da fare per un giornalismo di qualità. Democrazie più fragili ne hanno un disperato bisogno.

Poteri forti (o quasi)

Miserie (molte) e nobiltà (poche) del capitalismo italiano

Alcuni episodi possono essere significativi per comprendere la metamorfosi del potere in Italia. Ne citeremo, in questo capitolo, solo alcuni, i più importanti. Senza l'ambizione di voler fare una descrizione storica, impossibile in un libro di memorie, per sua natura personale e parziale.

Ho cominciato a fare il giornalista economico quando la presenza pubblica nell'economia era massiccia e ridondante. In aziende spesso cariche di debiti, tutte soggette a una lottizzazione ormai selvaggia. Lavorando al "Corriere" e poi al "Sole", la nostra trincea era ovviamente quella del privato. Se c'è un errore che abbiamo compiuto – certamente io per primo –, è stato quello di credere un po' troppo che tutte le virtù risiedessero nella parte dell'imprenditoria privata. Soprattutto in quella che chiedeva a gran voce privatizzazioni e libertà dei mercati e poi si sarebbe rifugiata volentieri negli ex monopoli pubblici, come a ripararsi da una concorrenza internazionale per la quale nutriva timori. Mi sarei accorto più avanti – a privatizzazioni avvenute in larga parte per le necessità stringenti del bilancio statale – che non pochi tra gli imprenditori privati avevano mutuato i difetti della politica. Ovvero, la logica dello scambio dei favori a discapito delle ragioni del mercato e della concorrenza. L'intreccio perverso fra partiti e aziende, che avrebbe poi portato anche alle inchieste di Mani pulite, era largamente diffuso. Penetrato nel costume nazionale, la corruzione vista come uno stato di necessità. Poche e lodevoli le eccezioni. Convenienza, furbizia, importanza delle relazioni personali, constatazione che gli snodi nei quali si adottano le decisioni più importanti fanno parte di una rete invisibile e, a volte, opaca di rapporti di potere (massoneria *in primis*, di alto e basso livello, Comunione e liberazione, Opus Dei e via di seguito). E le istituzioni ne erano e sono spesso prigioniere. Questo coacervo di visibile e di invisibile sembra una costante storica della nostra vicenda nazionale, che dal fallimento della Banca Romana del 1893, con la caduta del governo Giolitti, ha inanellato una serie infinita di scandali, trattati sempre come eccezioni (specie quelli bancari) e archiviati frettolosamente nel cassetto della storia.

Il paese ha avuto solo raramente poteri forti. Ha certamente avuto, e continua ad avere, sempre poteri opachi, non raramente forieri di corruzione, quando non confinanti con la criminalità. Cordate personali, piccole consorterie, corporazioni ottuse, egoismi locali e miopie collettive. Sciami di manager attenti al proprio personale tornaconto nel breve periodo – a volte in combutta con consulenti e cacciatori di teste – abili nel saltare da un incarico all'altro e del tutto disinteressati al futuro delle aziende e tantomeno dei loro dipendenti. Un paese con poteri forti e responsabili, bilanciati da regole certe e con la necessaria trasparenza garantita da una informazione libera, non è esposto ai *raider* di qualunque natura. Un solo esempio: fu anche grazie a Enrico Cuccia e Ugo La Malfa se la parabola di Michele Sindona venne fermata. Un paese con poteri forti e responsabili non si assoggetta facilmente alla discrezionalità delle burocrazie europee. Non si sdraia davanti all'imperialismo delle banche d'affari americane. Non si accontenta di uno strapuntino agli incontri del Bilderberg e della Trilateral. La politica, ovviamente, deve fare la sua parte. Ma anche qui, con la scomparsa dei partiti, di cui una democrazia ha bisogno per rappresentare gli interessi dei cittadini, ci siamo esposti fatalmente ad altri tipi di *raider*.

Ricordo un'intervista di Giuliano Amato alla "Repubblica" nella quale profetizzava che la messa sul mercato di Telecom e di altre società pubbliche "avrebbe creato tanti gruppi con dimensioni paragonabili alla FIAT". Avremmo avuto, in sostanza, tanti nuovi Agnelli. Come le "verdi praterie" dell'euro promesse avventatamente da Prodi al momento dell'ingresso nella moneta unica. Tra il 1992 e il 2000 sono stati ceduti ai privati pacchetti azionari per duecentomila miliardi di lire. Il paradosso finale è che oggi la FIAT si chiama FCA – avendo concluso felicemente la fusione con Chrysler – e non è più italiana. Sede legale e sede fiscale sono state portate all'estero – la prima è ora ad Amsterdam, la seconda a Londra – senza polemiche. Anzi, Sergio Marchionne e John Elkann sono stati accompagnati alla frontiera dall'allora premier Matteo Renzi, che li ha pure ringraziati, indicandoli ad esempio. E non ha pensato nemmeno per un attimo a una sorta di *exit tax.* In Francia, in Germania e negli Stati Uniti di Trump (subito osannato da Marchionne, prima obamiano di ferro), non sarebbe mai accaduto. L'altro paradosso è che la Confindustria è oggi dominata dalle imprese pubbliche (ENI, ENEL, Ferrovie, Poste) decisive, per esempio, nella designazione nella primavera 2016 del presidente Vincenzo Boccia.

Il paese ha tante piccole e medie aziende di notevole successo, per fortuna. Il surplus commerciale record di 51,6 miliardi nel 2016 ne è una prova. Ma i grandi gruppi sono pochi. E la ricerca la fanno soprattutto loro, quelli che hanno massa critica. La Montedison è stata smembrata, la Ferruzzi scomparsa, l'Olivetti è un'effigie storica, l'Ilva indebolita e in vendita, la Pirelli ha un azionista di controllo cinese. Tutto questo ha mutato la fisionomia del sistema industriale italiano: secondo un'elaborazione del Centro studi Confindustria, la crisi del paradigma della grande impresa ha fatto scendere il numero delle aziende con oltre mille addetti dalle 241 del 1991 – avevano poco meno di 780 mila addetti – alle 167 del 2014, con poco più di 400 mila occupati. In alcune delle filiere più importanti del Made in Italy – l'alimentare e il legno-arredo – non abbiamo *players* internazionali del calibro di Danone e Ikea pur registrando, a livello di settore, risultati invidiabili. Abbiamo Ferrero, certo, ma è una storia diversa. Nella moda, i nostri "sarti", dagli anni settanta a oggi, si sono fatti imprenditori di successo e hanno creato aziende strutturate, ma l'evoluzione genetica e dimensionale in gruppi giganteschi e globalizzati – in cui il gusto estetico e la suggestione dei marchi sono importanti quanto la finanza di impresa e la logistica – è stata riservata ai francesi, che oggi possono contare su LVMH e su Kering. I Benetton, molto prima di Zara o H&M, avevano tracciato pionieristicamente la strada dell'internazionalizzazione, ma poi hanno preferito diversificare, soprattutto in settori "tariffati". Più comodi. Dettiamo legge su tendenze e modelli. Copiati, celebrati. Sulle tavole del mondo si mangia e si beve italiano. Ma non siamo in grado di creare un gigante distributivo. Eataly, di Oscar Farinetti, alla cui guida operativa c'è Andrea Guerra, è un esempio positivo. Tra i pochi. Avevamo la Parmalat ma è finita maldestramente – dopo i disastri di Calisto Tanzi e Fausto Tonna – alla francese Lactalis della famiglia Besnier, che si è pure ritrovata una cassa pingue – pari a 1,4 miliardi di euro – grazie alle cure commissariali di Enrico Bondi. Nel settore turistico alberghiero non siamo stati capaci di formare una catena italiana veramente competitiva. Una volta c'era la Ciga, la base su cui costruire esisteva, solida. Sul web, nel turismo, non ci abbiamo nemmeno tentato. Impossibile replicare il modello Airbnb? Forse sì, ma non è detto che gli *over the top* debbano essere tutti americani. Dopotutto, Spotify è svedese e Zalando tedesca. Nella grande distribuzione, a parte pochi casi – tra i quali due imprenditori di solido genio lombardo come Bernardo Caprotti (Esselunga), scomparso nel settembre del 2016, e Marco Brunelli (Finiper) – la presenza straniera è massiccia. I prezzi li fanno loro. Ne sa qualcosa il nostro settore agroalimentare.

La sfida della dimensione è stata vinta in pochi casi: la Ferrero, la Luxottica di Leonardo del Vecchio – ma con l'intesa con Essilor diventerà francese –, la Techint dei Rocca, la Edizione dei Benetton con Autogrill e Atlantia, la Salini-Impregilo e, nella moda, Giorgio Armani, Prada di Miuccia e Patrizio Bertelli, Dolce&Gabbana, Ermenegildo Zegna, Della Valle, Ferragamo, Moncler. Parlo, ovviamente dell'industria privata. ENI, ENEL, Terna, Leonardo, Fincantieri, Ferrovie hanno fatto, non sempre, della dimensione nazionale il trampolino per progetti di internazionalizzazione più o meno fortunati. L'Alitalia è, invece, diventata l'emblema dei ripetuti fallimenti privati con costo sociale spalmato progressivamente sull'ignaro contribuente.

Il credito tra fusioni e confusioni

Nel settore del credito, nonostante i ripetuti scandali, ci sono due gruppi di peso internazionale come Intesa Sanpaolo e Unicredit, grazie anche alla lungimiranza di alcune fondazioni, in particolare la CARIPLO (Cassa di Risparmio delle Provincie Lombarde), ma anche la CRT, con Fabrizio Palenzona, e la Cariverona, con Paolo Biasi. Giuseppe Guzzetti, che presiede la Fondazione CARIPLO dal 1997, è uomo di grande saggezza e capacità gestionale. Ex esponente democristiano, già presidente della Regione Lombardia, ha applicato al mercato finanziario il meglio delle virtù della politica. Ovvero ascolto, composizione degli interessi, etica pubblica. Intesa Sanpaolo è una costruzione che si deve alla sintonia e al coraggio di due personalità come Giovanni Bazoli ed Enrico Salza, senza i quali la fusione tra il gruppo milanese e quello torinese non sarebbe mai avvenuta. Se l'allora governatore della Banca d'Italia Carlo Azeglio Ciampi non avesse scelto, nel 1982, su indicazione di Nino Andreatta e la contrarietà di Giulio Andreotti, uno sconosciuto avvocato bresciano come Giovanni Bazoli, il destino del Banco Ambrosiano di Roberto Calvi, spogliato dalla P2 di Licio Gelli e dallo IOR di Paul Marcinkus, si sarebbe esaurito in una dolorosa liquidazione. Invece, da quelle ceneri bancarie è cresciuto – e si è rafforzato nel tempo – quello che oggi è uno dei principali gruppi bancari europei. Non privo di pecche, per carità. Errori ne sono stati fatti. Per esempio, l'appoggio alla cordata italiana per rilevare, inutilmente, Alitalia. L'operazione, prima annunciata e poi smentita, sulle Generali dell'inverno 2017 è stata indubbiamente un infortunio.

Restando al credito, i punti di svolta sono stati numerosi. La vicenda della Banca Commerciale è ancora avvolta da ombre e dubbi. La privatizzazione da parte dell'IRI avvenne con l'OPV (Offerta pubblica di vendita) del febbraio del 1994. Un anno prima era stato privatizzato, con modalità simili, il Credito Italiano. Sergio Siglienti, amministratore delegato e presidente dell'istituto di piazza della Scala scrisse, dopo essere stato estromesso, un libro (*Una privatizzazione molto privata*, Mondadori, 1996) descrivendo come Mediobanca fosse riuscita a mantenere il controllo di fatto sull'istituto, nonostante i limiti azionari posti dal processo di disimpegno dell'IRI. Presidente della COMIT privatizzata sarà Lionello Adler della Burgo, un "debitore di riferimento".

L'ingresso della COMIT, tempio laico, nella sfera della finanza cattolica rappresentata dal gruppo Intesa – che aveva già incorporato altri istituti tra cui la CARIPLO – rappresentò a suo tempo una grossa sorpresa. Lo spiega bene nel suo libro (*Una storia italiana, dal Banco Ambrosiano a Intesa Sanpaolo*, Il Mulino, 2013) Carlo Bellavite Pellegrini. La Commerciale non era ben gestita, specialmente nel periodo di Enrico Braggiotti. La sua centralità era già venuta meno. E con essa il potere di Mediobanca.

La testimonianza, a questo riguardo, di Giovanni Bazoli, è preziosa per capire alcune dinamiche del potere italiano. Il rapporto tra laici e cattolici è stato spesso conflittuale ma non raramente la qualità delle persone, le comuni radici, il senso di responsabilità nazionale hanno consentito di superare ostacoli e di raggiungere risultati apprezzabili. Il presidente emerito di Intesa Sanpaolo ricorda come, ancora prima della vicenda COMIT, fu possibile, nel 1998, fondere il CAB (Credito agrario bresciano), laico, con la Banca San Paolo di Brescia, cattolica, dando vita alla Banca Lombarda. Bazoli fece leva su personaggi come Giuseppe Camadini, un cattolico conservatore, il cugino Alberto Folonari e il laico Corrado Faissola.

Ma come nacque il rapporto con Cuccia? "Ci conoscemmo," ricorda Bazoli, "poco dopo la nascita del Nuovo Banco Ambrosiano. Era nota la contrarietà di Cuccia a quella operazione, voluta da Andreatta e da Ciampi, espressa nella famosa metafora del cappotto allacciato male dal primo bottone. Successivamente, si instaurò tra noi un rapporto di reciproco rispetto e stima, ma ciò non impedì un duplice tentativo di annessione promosso da Mediobanca. Nel 1989, attraverso le Generali, e nel 1994, mediante un'OPA (Offerta pubblica di acquisto) lanciata dalla COMIT. Fu dopo l'ultimo fallito tentativo che io – ammirato sì dall'abnegazione con cui si spendeva senza riserve una persona così avanti negli anni – avviai con lui regolari incontri. Volevo capire se c'era spazio per una collaborazione. Tutto cambiò nell'ottobre del 1996. Avevo appena perso mio fratello Luigi, morto in un incidente stradale. Sua moglie, Giulietta, era stata tra le vittime della strage di Brescia del 28 maggio del 1974. Luigi lasciava quattro figli. In quel tempo era stato avviato il processo di privatizzazione di CARIPLO e come Ambroveneto eravamo interessati. Io ero talmente colpito dalla tragedia di mio fratello che mi chiedevo se non fosse giusto lasciare tutti gli impegni milanesi. Pensai di chiedere un incontro a Cuccia. Appena accennai al mio stato d'animo, lui mi confidò – la notizia era stata tenuta riservata – che pochi giorni prima era morta sua moglie Idea Nuova Socialista, figlia di Alberto Beneduce, dopo sessant'anni di vita insieme. Eravamo seduti vicini al grande tavolo della sala riunioni di Mediobanca: d'istinto mi alzai e lo abbracciai. Il nostro rapporto divenne più profondo, quasi confidenziale. Cuccia si impegnò a non ostacolare l'operazione su CARIPLO, nonostante l'interessamento della COMIT, nostra concorrente. Giudicava tutto ciò che era pubblico marcio e contagioso. Lei, Bazoli – mi disse – ce la può fare. Nell'ultima settimana utile per fare le offerte su CARIPLO, noi formalizzammo la nostra. Guzzetti mi anticipò che era la migliore, ma all'ultimo momento la COMIT rilanciò la sua, modificandola sulla linea delle nostre condizioni. In quelle ore, prima della decisione della Fondazione

CARIPLO, che risultò a noi favorevole, ci fu uno scambio di lettere molto franco tra Cuccia e me." E che cosa vi scriveste? "Mi rispose che la COMIT non era più la COMIT di un tempo."

Tre anni dopo, nel marzo del 1999, quando si verificò il doppio tentativo di OPA di Unicredit su COMIT e di San Paolo su Banca di Roma, Cuccia lo contrastò e, come alternativa, puntò sull'integrazione di COMIT con Banca Intesa. "Raggiungemmo un accordo sull'operazione nel corso di alcune riunioni segrete con Cuccia, Maranghi e il notaio Marchetti. Scoprii solo allora che esisteva un passaggio sotterraneo che da Mediobanca consentiva di raggiungere il teatro Filodrammatici e sfuggire ai curiosi." Nella trattativa con Bazoli, Cuccia voleva che si mantenesse l'acronimo BCI, largamente conosciuto al mondo, accanto a quello di Intesa. Era anche convinto, erroneamente, che Mediobanca avrebbe avuto un ruolo importante nell'investment banking del gruppo nascente. Si sbagliava o, come afferma qualche critico dell'operazione, venne "conquistato" dalle promesse di Bazoli. "Cuccia," continua il presidente emerito di Intesa Sanpaolo, "era persona colta e di raffinate letture. Dai giudizi taglienti e dagli orientamenti implacabili. Laico e insieme profondamente religioso. Un uomo di potere ma totalmente distaccato dal denaro, con uno stile di vita quasi monacale. Rimane una figura, per tanti aspetti, enigmatica." Era massone, Cuccia? Bazoli sorride. "Non si sa."

E continua: “Le confesso una cosa che non ho mai detto. Nel primo anniversario della sua morte, scrissi su richiesta di un giornale un articolo dal titolo: *Il Principe di via Filodrammatici*, che poi preferii non pubblicare. Lo descrivevo come il campione di un realismo machiavellico. Frutto di una visione scettica e disillusa, ma forse non cinica degli uomini. Ricordo che una volta mi disse: ‘Lei non sa quanti mascalzoni sono stati seduti a questo tavolo.’ A certi livelli di responsabilità,” osserva Bazoli, “è inevitabile avere rapporti con chiunque, anche con le persone che non si stimano. E non si può operare senza accettare dei compromessi. Ma compromessi di carattere pratico, non di ordine morale. Io penso che il fine lecito, o anche ottimo, non giustifichi mai il mezzo illecito. Per me esiste una linea di demarcazione molto netta tra lo scetticismo, che comprendo, e il cinismo che detesto.”

La doppia OPA fallita del marzo del 1999 fece emergere un totale dissenso di vedute fra il governatore della Banca d’Italia Antonio Fazio e il ministro del Tesoro e suo predecessore Carlo Azeglio Ciampi. “In quei giorni,” è il racconto dell’allora numero uno di Banca di Roma, Cesare Geronzi, “vi erano stati diversi rumors sull’interesse del San Paolo su Banca di Roma. Telefonai a Mario Ercolani che era nel consiglio della banca torinese. Lo sentii molto imbarazzato. Mi passò Rainer Masera che allora guidava il

San Paolo. 'Ti vengo a trovare domani mattina a Marino, Cesare.' Mi chiamò anche 'piumino di cipria', ovvero Gabriele Galateri di Genola. L'IFIL era tradizionalmente fra i grandi azionisti del San Paolo. Galateri mi dava del tu. Io insistetti con il lei. Subito dopo cercai il governatore, ma riuscii a parlare solo con Bruno Bianchi, allora direttore centrale per la vigilanza bancaria."

Il giorno dopo Masera andò a Marino, dove abita Geronzi, sui colli romani. Con un paio d'ore di ritardo. E annunciò che nel pomeriggio di quel 21 marzo del 1999 – altra data simbolo delle vicende italiane – il San Paolo avrebbe lanciato un'offerta sulla Banca di Roma. "Sarà una battaglia," rispose Geronzi. La mattina successiva i due banchieri si trovarono in Banca d'Italia. Erano stati convocati da Fazio. "Il governatore," ricorda ancora Geronzi, "senza fronzoli rimproverò Masera per la mancata osservanza della normativa sulle OPA. Nella stessa mattinata andammo da Ciampi, il quale prendendomi sottobraccio e ricordando i tempi trascorsi insieme in Banca d'Italia, mostrò di essere pienamente informato dell'operazione. Era del tutto favorevole. L'incontro fu breve. Io mi limitai a dire che l'OPA era ostile. Seppi solo in seguito che Cuccia e Maranghi, preoccupati per la sorte della COMIT, erano andati da Fazio, convincendolo a schierarsi contro le due offerte."

Sogni di conquista e amari ritorni

Le Assicurazioni Generali, secondo Cuccia, non dovevano mai essere vendute. Le Generali sono una delle poche multinazionali italiane rimaste, ma per la loro dimensione e redditività soffrono la concorrenza di colossi come Allianz e Axa. Il gruppo di Trieste aveva e ha bisogno di adeguati aumenti di capitale, come quelli invocati da Antoine Bernheim, finanziere bizzarro e arrogante che non volle mai imparare una parola d'italiano. In Francia non sarebbe mai stato tollerato un atteggiamento simile di un esponente italiano. Le Generali sono una preda appetibile. Ancora di più dopo la maldestra proposta di Intesa.

Cesare Geronzi è stato presidente di Mediobanca dal 2007 al 2010 e di Generali dal 2010 al 2011. Si è opposto, perdendo la partita, a quella che lui ha definito "balcanizzazione della società", cioè la frantumazione della governance per aree d'influenza dei maggiori azionisti. Compreso il principale, Mediobanca, ora in ritirata, che ha sempre utilizzato Generali come una sorta di braccio operativo per le proprie operazioni, anche al di là del ramo polizze. La gestione di Mario Greco, dall'agosto del 2012 al febbraio del 2016, ha spezzato questa relazione impropria tra azionisti e management (costata per esempio tre miliardi nell'avventura legata agli affari dell'imprenditore ceco Peter Kellner). Ma Greco poi è stato costretto a lasciare e oggi è tornato in Zurich.

Sostituito dal francese Philippe Donnet, peraltro amico, socio e compagno di caccia di Jean-Pierre Mustier, *chief executive officer* di Unicredit, primo azionista di Mediobanca. Donnet ha allontanato Alberto Minali che si opponeva ad alcune operazioni, come la vendita di Generali France.

La Telecom, oggi TIM, è ormai francese (Vivendi). Mediaset rischia di diventarlo. Ho provato più volte a immaginare che cosa sarebbe accaduto, a parti inverse, tra noi e i francesi. Sono stato per quasi due anni, nel 2003-2004, dopo la mia prima direzione al "Corriere", presidente della casa editrice francese Flammarion, che apparteneva a RCS Libri, di cui ero amministratore delegato con Giulio Lattanzi direttore generale. Il Gruppo RCS, comprando Editis, poteva diventare in quegli anni uno dei più importanti *publishers* europei. Editis, poi acquisita dagli spagnoli di Planeta, racchiudeva le attività delle quali Hachette e Lagardère dovevano liberarsi, per ragioni di antitrust, dopo l'acquisto di un ramo d'azienda librario di Vivendi Universal, travolta dalle acrobazie di Jean-Marie Messier. RCS scelse invece, nel 2007, di comprare *cash,* per 1,1 miliardi, il gruppo editoriale spagnolo Recoletos, con le note conseguenze sulla stabilità dei propri conti. Editis, negli anni successivi, ha continuato a chiudere i bilanci in attivo, a differenza di Recoletos. Vicenda significativa di come funziona il potere in Italia. L'operazione si fece anche perché conveniva a qualche azionista RCS, magari semplicemente per migliorare una relazione d'affari con gli spagnoli. Il curioso destino del gruppo RCS è stato – fino all'OPS (Offerta pubblica di scambio) di Urbano Cairo – quello di essere il terreno sul quale si misuravano rapporti di forza fra azionisti, alcuni dei quali del tutto disinteressati a libri e giornali, tanto da mandar via un manager valido come Vittorio Colao. L'attuale numero uno mondiale di Vodafone e l'allora presidente di RCS Guido Roberto Vitale avevano stimato Recoletos molto meno. Offrendo carta e non *cash*. Dunque, in RCS e non solo, era importante esserci per contare. Per avere più voce in altre partite e nei rapporti con la politica. O per difendersi, non si sa da chi. Senza sentirsi direttamente responsabili del business. Un altro esempio, fra i tanti, di balcanizzazione societaria. Editori preterintenzionali, insomma. Come i banchieri preterintenzionali. Stessa musica.

I francesi non avrebbero mai permesso a un *raider* italiano di comportarsi come il bretone Vincent Bolloré in Italia (tanto è vero che a Parigi si dice: *Ne pas faire le Bolloré*, cioè non fare il Bolloré). E le istituzioni finanziarie francesi non avrebbero mai aperto le porte a investitori esteri con tanta facilità e incoscienza. Magari, come nel caso di Mediobanca, semplicemente per difendersi da avversari interni. La storia d'Italia (lo straniero che soccorre una delle parti delle infinite faide nazionali) trova conferma anche nelle vicende della finanza. Mediaset, oggetto della scalata azionaria di Vivendi, ne sa qualcosa. Ma paga il fio di essersi troppo adagiata sulla variabile politica del suo principale azionista, Silvio Berlusconi. Il conflitto d'interesse dà grandi vantaggi, ma alla fine svilisce gli spiriti competitivi.

A metà degli anni ottanta i "condottieri" italiani – così furono chiamati dalla stampa internazionale Raul Gardini, Carlo De Benedetti, Giovanni Agnelli e Silvio Berlusconi – sembrava dovessero conquistare l'Europa. De Benedetti, su suggerimento di Alain Minc, tentò nel 1988, con un'OPA la scalata alla Société Générale de Belgique (SGB), attraverso la sua finanziaria francese Cerus. "Repubblica" titolò trionfalmente *De Benedetti si compra un terzo del Belgio* perché tale era allora il valore della conglomerata rispetto al prodotto interno del paese. Io ero capo dell'Economia al "Corriere" e pubblicammo, nel mezzo della battaglia societaria, un articolo molto critico di Arturo Guatelli, nostro corrispondente da Bruxelles, sulle modalità con le quali l'Ingegnere aveva proposto la sua sfida finanziaria. Troppa arroganza e grave sottovalutazione dei rischi. E anche un esagerato senso dei propri mezzi personali: negli stessi giorni della scalata alla Société Générale de Belgique De Benedetti era impegnato nei negoziati per l'uscita dalla Olivetti dei soci americani di AT&T. Pensava di potere fare tutte e due le cose. L'articolo del "Corriere" fece clamore perché tutta la stampa era schierata a favore dell'assalto italiano alla finanziaria belga. De Benedetti scrisse una lettera molto risentita, per non usare un altro termine, al direttore Ugo Stille che mi parve in quei giorni piuttosto costernato. Giulio Anselmi, vicedirettore con Tino Neirotti – e nei fatti vero direttore del "Corriere" – tenne duro e dimostrò grande carattere e fiuto giornalistico. Il conformismo nell'informazione era così diffuso che il corrispondente della RAI da Bruxelles, Francesco Mattioli, sventolò in diretta il giornale con il pezzo di Guatelli, irridendolo, come fosse stato commesso un reato contro la nazione. Un tradimento patriottico. Sembrava che il "Corriere" avesse preso quella posizione unicamente per via del proprio azionista. "L'Espresso" titolò un articolo sulla vicenda in questo modo: *Il Corriere della FIAT*. Carlo De Benedetti riconoscerà poi, in un'intervista al "Wall Street Journal", di aver commesso alcuni errori. In particolare di essersi presentato la sera prima del lancio dell'OPA, il 17 gennaio 1987, a casa del presidente della Société Générale de Belgique, Réné Lamy, per avvertirlo, dandogli però la possibilità di convocare un consiglio d'amministrazione nella notte e di cambiare in senso difensivo lo statuto della società, per parare il colpo. E, fatto persino più grave, l'Ingegnere arrivò con un regalo beffardo: una scatola di gianduiotti torinesi Peyrano. In Belgio, dove il cioccolato è un vanto nazionale! Étienne Davignon, commissario europeo, coinvolto nella difesa nazionale di SGB, dirà poi: "Noi belgi non passiamo per essere i più intelligenti al mondo, ma sappiamo contare fino a 51." E, infatti, l'Ingegnere si fermò a 49. De Benedetti, per riequilibrare i conti del proprio gruppo, cederà Buitoni-Perugina a Nestlé nel 1988 per 1600 miliardi: la filiera alimentare sarebbe diventata sempre più di proprietà straniera.

La storia di quegli anni avrebbe dovuto insegnare molto, dei nostri pregi, dei nostri difetti e della difficoltà nei rapporti con i poteri forti degli altri paesi. La lezione dei ruggenti anni ottanta è stata dimenticata in fretta. Rimossa. Berlusconi fondò La Cinq, nel 1986, primo canale privato francese, misurando sulla propria pelle la durezza di essere un editore televisivo in terra straniera. La Cinq chiuderà dopo una vita travagliata nel 1992. Gardini con l'Eridania comprò, nel 1986, il gruppo francese Beghin Say e arrivò ad avere nel 1987 la maggioranza di British Sugar, ma venne fermato dall'antitrust. Il colosso dello zucchero e degli amidi verrà poi scisso in quattro parti nella lunga e drammatica spartizione delle spoglie del gruppo ravennate, cresciuto e caduto in un misto di coraggio e azzardo imprenditoriale. Gardini, suicidatosi il 23 luglio 1993, ostentò il suo potere sfidando tutti. Da giocatore di poker, da spadaccino romantico, da velista indomito. Un carattere all'opposto di quello del suocero Serafino Ferruzzi, schivo e riservato. Il "re del grano" morì il 10 dicembre del 1979, schiantandosi con un aereo privato vicino all'aeroporto di Forlì. Era acclamato alla borsa merci di Chicago, pressoché sconosciuto da noi. In archivio al "Corriere" non c'era nemmeno una busta a suo nome.

Un altro caso significativo, un'altra lezione dimenticata, fu il tentativo di Pirelli, nel 1991, di prendere il controllo della tedesca Continental su suggerimento di Merrill Lynch. La banca d'affari americana aveva già rastrellato azioni per la Michelin, poi ritiratasi per non mettersi contro i poteri tedeschi. Continental aveva uno statuto che limitava la partecipazione dei soci al 5 per cento. L'idea di Pirelli di raccogliere investitori amici per poi cambiare lo statuto fu pessima. E perdente. Una furbizia italiana. Il sistema tedesco si chiuse a riccio in un misto di nazionalismo e razzismo industriale. Il voltafaccia di Deutsche Bank, prima favorevole poi contraria, fu clamoroso. Leopoldo Pirelli ne andò a parlare con il governatore della Banca d'Italia, Ciampi, chiedendogli di intervenire presso il suo collega, capo della Bundesbank, Karl Otto Pöhl, per trovare una onorevole seppur costosa via d'uscita. Nei diari di Ciampi – riportati nel libro di Bellavite Pellegrini – si legge il rammarico di Pöhl per la doppiezza teutonica della sua banca. Il management Pirelli perse il posto. Ricordo di aver incontrato all'aeroporto di Francoforte – io venivo da Tokyo – all'imbarco per Linate, uno sconsolato Giancarlo Rocco di Torrepadula, direttore delle relazioni esterne di Pirelli con l'allora amministratore delegato Gianbattista De Giorgi. Nei loro sguardi capii che era finita. Leopoldo, gran signore, si fece da parte. Luigi Orlando della SMI lo difese pubblicamente. Cominciò l'era Tronchetti.

L'industria pubblica e la piramide rovesciata

Nel loro libro *Impresa e industria in Italia* (Marsilio, 2003), Franco Amatori e Andrea Colli definiscono bene alcune caratteristiche dell'imprenditoria italiana, soprattutto negli anni in cui si costituisce l'IRI, l'Istituto per la ricostruzione industriale, nato nel 1933 (e liquidato nel 2002). L'IRI fu voluto da Benito Mussolini e affidato ad Alberto Beneduce e Donato Menichella, che fascisti non erano. Dopo la crisi del 1929, il modello di banca mista (si cambierà con la legge bancaria del 1936) aveva prodotto le sofferenze dell'epoca. Giganteschi erano stati i guasti dell'incesto tra industria e credito. La Banca Commerciale, il Credito Italiano e il Banco di Roma finirono sotto il controllo pubblico. Amatori e Colli tributano i dovuti elogi a Giovanni Agnelli senior e Giovan Battista Pirelli per le loro qualità imprenditoriali. Ma aggiungono: "Almeno metà dei leader della grande impresa ebbe nello Stato più che nel mercato il punto di riferimento della propria azione." Individuano un vizio genetico dell'imprenditoria italiana che, con tutte le straordinarie eccezioni che conosciamo, non è scomparso del tutto anche in anni recenti e forse spiega qualche fallimento nel difficile processo di privatizzazione. Gli autori citano Arturo Bocciardo della Terni e Guido Donegani della Montecatini come prototipi di un capitalismo italiano che definiscono "politico", ovvero incline a una contrattazione perenne con lo Stato, in contrapposizione con quello americano ("manageriale"), inglese ("personale") e tedesco ("cooperativo"). Regole di mercato e concorrenza faticano ancora oggi a essere norme costitutive di base, espressioni naturali del mondo degli affari. Questa è una delle ragioni per le quali cresciamo e innoviamo meno. E del perché i nostri *animal spirits* si siano ridotti, salvo alcune notevoli eccezioni, a vagiti inconcludenti e rassegnati.

La storia industriale del paese ha avuto alcuni importanti punti di svolta. Per esempio, la costituzione del ministero delle Partecipazioni statali nel 1956 e la nazionalizzazione dell'energia elettrica nel 1963, come prezzo da pagare al nascente centrosinistra. Amatori ricorda che la struttura dell'IRI è stata a lungo una "piramide rovesciata". Le società operative godettero di un'autonomia nei confronti della holding – e della politica – che consentì loro di irrobustire la struttura industriale del paese, di porre le basi del *boom* economico. Oscar Sinigaglia fu il protagonista della rinascita della Finsider e dell'acciaio di stato. Introdusse il ciclo integrale rendendo la produzione più efficiente di quella di tedeschi e belgi. Aveva l'ansia personale di rimborsare i debiti del padre. Guglielmo Reiss Romoli, definito da Luigi Einaudi "uno dei pochi taciturni autori del miracolo economico italiano", sviluppò la telefonia con la STET e la SIP. Fedele Cova, presidente e amministratore delegato di Autostrade, diede il via alla costruzione delle principali arterie di comunicazione.

Sono solo alcuni esempi di una storia, per certi versi gloriosa e pionieristica. Ma è dal momento in cui si costituisce il ministero delle Partecipazioni statali che la politica accresce la sua influenza, soprattutto nell'era di Amintore Fanfani. Prima, e persino durante il fascismo, l'autonomia era più garantita. La piramide, insomma, ritornò lentamente alla sua posizione normale. Con al vertice sempre di più la politica e gli appetiti dei partiti. La degenerazione continuerà negli anni settanta e ottanta con l'accumulazione di forti perdite dell'industria di stato (l'IRI nel 1993 aveva una esposizione di 70 mila miliardi di lire) e parallelamente la formazione di un ingente debito pubblico. Fulvio Coltorti, ex direttore dell'ufficio studi di Mediobanca e oggi docente a contratto di storia economica all'università Cattolica di Milano, ha scritto che la politica operò un progressivo saccheggio delle imprese pubbliche. E cominciarono gli scandali: l'affaire Lockheed nel 1976 che portò alle dimissioni anche di Giovanni Leone da presidente della Repubblica per accuse poi rivelatesi inconsistenti, le gesta di Camillo Crociani, presidente di Finmeccanica, riparato in Messico per sfuggire alla cattura.

Pochi ricordano la vicenda EFIM, un altro degli enti a partecipazione statale, costituito nel 1962 e messo in liquidazione nel 1992. Un contenzioso con le banche estere sulla garanzia dei debiti (18 mila miliardi di lire) produsse un'inspiegabile perdita di credibilità dello Stato. I titoli pubblici, di conseguenza, vennero declassati. Il commissario liquidatore, Alberto Predieri, lavorò instancabilmente fino alla sua morte, nel 2001. Disboscò una rete interminabile di rapporti obliqui di quello che fu definito un "ente spazzatura". Un pozzo senza fondo. Avrò ricevuto da lui decine di lettere di precisazione. Pignolo e fluviale. Con la legge di bilancio del 2007 si chiuse di fatto il lungo iter della liquidazione dell'EFIM, costata 5 miliardi di euro.

Le privatizzazioni furono certamente affrettate. La lezione di quegli anni è di straordinaria attualità. Quando si hanno i debiti alla gola non c'è tanta libertà di scelta. Succede alle aziende come allo Stato.

Uno dei punti di svolta della storia industriale e finanziaria del paese fu, come già ricordato, la nazionalizzazione dell'energia elettrica nel 1963. Coltorti la definisce "un'operazione sconvolgente" perché "eliminò buona parte del capitalismo privato nella borsa valori, che era nato tra la fine dell'Ottocento e l'inizio del Novecento ad opera delle grandi banche miste." Raffaele Mattioli, il grande capo della Banca Commerciale, fu cautamente favorevole alla nazionalizzazione ma decisamente contrario all'impiego dei suoi indennizzi ai privati. "I privati erano impreparati all'appuntamento," racconta Coltorti, "ne nacque un flusso di fusioni tra imprese titolari di crediti per indennizzi e imprese indebitate a redditività decrescente." La maggiore di queste operazioni fu la fusione fra Montecatini ed Edison nel 1966. Un incredibile fallimento, cui seguì, con molte analogie, l'operazione Enimont, la convergenza fra la chimica del gruppo controllato da Gardini e il settore chimico dell'ENI (Enichem) nel 1988.

La chimica italiana era allora la quinta in Europa e la settima al mondo. Che cosa rimane oggi? Cuccia puntò inizialmente su Eugenio Cefis, dopo la sua esperienza all'ENI, e poi su Mario Schimberni per far quadrare i conti e trovare una missione alla Montedison. Conobbi Schimberni. Era certamente un manager di qualità. Ma, come spesso accade nei gruppi a proprietà debole, la bramosia di potere e denaro era senza limiti. La Montedison scalò, nel 1985, uno dei suoi azionisti, la Bi-Invest di Carlo Bonomi, grazie anche alle intuizioni borsistiche di Francesco Micheli. Rimane il dubbio se quella scalata sia stata, in qualche modo, concordata con gli scalati. Tutti, però, smentiscono ancora oggi. Schimberni investì poi nella Fondiaria sfidando ancora una volta i suoi azionisti. Un ruolo lo ebbero in quella vicenda Attilio Ventura, presidente della borsa, e Lucio Rondelli, amministratore delegato del Credito Italiano. Era stato creato da vari investitori un pacchetto del 12 per cento della compagnia fiorentina. Ventura andò a offrirlo a Montedison. Nel corso di una riunione nell'ufficio di Lino Cardarelli, amministratore delegato di Foro Buonaparte, presenti Ventura e Rondelli, fu concordata una leggera limatura al prezzo. Cardarelli, dopo aver riferito a Schimberni, andò da Maranghi in Mediobanca.

Che restò incredulo. "Dottor Cardarelli, lei pensa che se si fosse formato sul mercato un pacchetto di tali dimensioni noi di Mediobanca non ce ne saremmo accorti?" Cardarelli convocò il consiglio di Meta, di cui era amministratore delegato Giuseppe Garofano, detto il "cardinale" e il comitato esecutivo di Montedison che approvarono l'accordo. Giovanni Agnelli pronunciò allora la famosa frase. "*Bi-Invest humanum*, *Fondiaria diabolicum*." Un errore fatale, quello di Schimberni, che Mediobanca, azionista di Fondiaria, non gli perdonò. Cuccia voleva mantenere il controllo di fatto della compagnia fiorentina con una lunga tradizione di gestione massonica. Schimberni voleva difendere il suo investimento.

La figura di Schimberni è, ancora oggi, controversa. Certamente risollevò la Montedison dai disastri di Eugenio Cefis e da una chimica che aveva conosciuto le scorrerie di Raffaele Ursini e Nino Rovelli. Sotto la sua gestione vennero creati tre gruppi industriali di valore, come Himont, leader nel polipropilene, Erbamont negli antitumorali, Ausimont nella chimica del fluoro. Quando il controllo passò al gruppo Ferruzzi, Farmitalia-Carlo Erba, che era guidata da uno scienziato di qualità come Renato Ugo, venne ceduta, nel 1993, agli svedesi di Kabi-Pharmacia. Presidente di Montedison era Carlo Sama. La rottura familiare con Gardini si era già consumata. Un primato industriale italiano veniva sacrificato all'esigenza di far fronte all'indebitamento di un'acquisizione onerosa. Una storia destinata a ripetersi.

Rividi Schimberni, quando non era più in Montedison. Era un uomo indecifrabile, sfuggente. Aveva rilevato una casa editrice, l'Armando Curcio, dal futuro incerto (fallirà nel 1994). Nel 1988, il presidente del consiglio Ciriaco De Mita lo chiamò al vertice delle Ferrovie dello Stato dopo lo scandalo delle lenzuola d'oro di Lodovico Ligato. La prima intervista la diede a me. Disse una serie di ovvietà. Gli chiesi: "Quando è stata l'ultima volta che ha preso il treno?" Lunga pausa. "Negli Stati Uniti per andare in uno stabilimento Montedison, della Himont, a Wilmington." In Italia, il treno non lo prendeva da tempo, nonostante questo in pochi mesi riorganizzò il gruppo e avviò la trasformazione delle Ferrovie in S.p.A. Non poteva andare d'accordo con un ministro come il democristiano Carlo Bernini. Gli succederà Lorenzo Necci, ex presidente di Enichem e di Enimont, che morirà tragicamente nel 2006 investito da un'auto mentre andava in bicicletta a Savelletri.

Un altro *turning point* fu la mancata fusione fra la Telettra del gruppo FIAT e l'Italtel dell'IRI. Una grande occasione mancata e la prova dell'inconcludenza dei poteri italiani. Il matrimonio pubblico-privato del 1985, che avrebbe dato vita a un grande gruppo italiano delle telecomunicazioni, saltò per il no torinese alla designazione come capo azienda di Marisa Bellisario, notoriamente vicina ai socialisti. Cesare Romiti, allora amministratore delegato della FIAT, ammette che oggi quel no sarebbe poco sostenibile, e non soltanto per questioni di genere. "Io e Marisa ci davamo del tu e quando andavo a trovarla rimanevo colpito dal fatto che fosse circondata solo da donne. Era certamente brava. Dicemmo di no per l'arroganza di Craxi nel voler imporre il suo nome in una società paritaria. Noi non potevamo accettarlo." Ho incontrato più volte Marisa Bellisario: era donna energica, di visione, coraggiosa. Un paese con veri poteri forti avrebbe trovato una linea di compromesso.

L'Italia con il ventre molle, la testa annebbiata, era, allora come oggi, prigioniera di veti, controveti, rivalità personali. L'accordo iniziale fra l'IRI di Romano Prodi e la Buitoni di Carlo De Benedetti per la cessione della SME, siglato il 29 aprile del 1985, si scontrò con il veto socialista, con la furia di Bettino Craxi. La vicenda, con la sua lunga coda giudiziaria e il processo per la corruzione, non si è ancora esaurita oggi.

La questione dell'avallo politico venne però superata abbastanza agevolmente nella cessione dell'Alfa Romeo alla FIAT il 6 novembre del 1986. La Ford si era offerta di comprarla e aveva fatto all'IRI una buona offerta. FIAT rilanciò e, alla fine, prevalse pur con un pagamento a rate, accollandosi però solo i debiti migliori, quelli garantiti dallo Stato per l'Alfasud. Fabiano Fabiani che, come amministratore delegato della Finmeccanica, era l'azionista pubblico di riferimento aveva un buon rapporto con il segretario della Democrazia cristiana, Ciriaco De Mita, e lo convinse. Ai socialisti pensò, con una telefonata che Fabiani ricorda come decisiva, il neoeletto capo dello Stato. Francesco Cossiga chiamò Giuliano Amato, allora sottosegretario alla presidenza del consiglio. “Quello fu un classico esempio di funzionamento di poteri forti,” chiosa Fabiani.

Scalatori, ingenui e furbetti

La privatizzazione di Telecom, nel 1997, può essere considerata un punto di svolta nella storia industriale del paese. Era la condizione per poter entrare nell’Unione monetaria. Il ticket dell’ammissione. Salato. Prevista dall’accordo Andreatta-Van Miert. Il gruppo Agnelli vi partecipò distrattamente, con l’IFIL che ebbe una quota modesta del cosiddetto “nocciolino”. Cesare Romiti era favorevole a una maggiore diversificazione del gruppo torinese: “Ma Agnelli voleva concentrarsi sull’auto e la famiglia temeva che fosse un modo attraverso il quale avrei potuto espropriare l’azienda.” “Telecom all’epoca era la migliore d’Europa,” ricorda Fabiani, “dava lavoro a centomila persone, non aveva debiti, fu la prima a introdurre la fibra ottica.” E, aggiungiamo noi, aveva contribuito a rendere l’Italia – insieme alla Omnitel generata dalla Olivetti – il paese europeo più avanzato, competitivo e efficiente nel settore della telefonia cellulare. La designazione del primo presidente della Telecom privata, Gian Mario Rossignolo ("un estraneo al business", lo definisce Fabiani), fu la prova della scarsa volontà dei nuovi azionisti, che in totale controllavano solo il 6 per cento. Insomma, dei privatizzatori controvoglia. Con il braccio corto. E scelsero la persona sbagliata. La debolezza azionaria esporrà il gruppo alla famosa scalata dei "capitani coraggiosi", guidati da Roberto Colaninno che, nel febbraio del 1999, lanciò un'OPA da 100 mila miliardi di lire. Il presidente del consiglio, Massimo D'Alema, convocò una riunione con il ministro del Tesoro, Carlo Azeglio Ciampi, il titolare dell'Industria, Pierluigi Bersani e quello delle Finanze, Vincenzo Visco. Era stato chiesto alla Guardia di finanza di indagare sui componenti della cordata, senza trovare nulla. Si decise, con una lettera di Ciampi all'allora direttore generale del Tesoro Mario Draghi, l'atteggiamento che il governo, in parte azionista, avrebbe avuto nella vicenda. Un'operazione di mercato, certo. Ma avventata perché caricava inesorabilmente di debiti, per il 70 per cento dell'OPA, la società. Un'operazione finanziata con il debito bancario e con l'incasso ottenuto dalla cessione di Omnitel e di Infostrada ai tedeschi di Mannesmann e con un aumento di capitale della Olivetti per 2,6 miliardi di euro. Un ruolo decisivo lo ebbe, come *advisor*, Mediobanca. Ricordo, come esemplare di una nuova era un po' muscolare e aggressiva, l'episodio del tappo di champagne che esce da una finestra di Mediobanca, durante i festeggiamenti per il successo dell'offerta. Carlo Mario Guerci, economista consulente dell'operazione, ne andava fiero: "Si sono aperte le finestre del capitalismo." Potevano tenerle chiuse, risposi.

Qui si compie un passaggio decisivo nel cambiamento di pelle dell'istituto di via Filodrammatici. Un segno del declino, anche nel giudizio di Cesare Geronzi che di Mediobanca sarà poi presidente. Massimo D'Alema, presidente del consiglio dal 1998 al 2000, aveva avuto l'opportunità di conoscere Cuccia a casa di Alfio Marchini. E negli incontri si era parlato anche del futuro dell'istituto e della determinazione del presidente onorario di vedere il proprio delfino, Vincenzo Maranghi, come suo naturale successore. Il potere peraltro lo aveva già di fatto in mano. Cuccia andò una volta a trovare D'Alema a palazzo Chigi, insieme a Maranghi, ma decise di non farlo entrare nello studio del capo del governo. Lo lasciò fuori. "Sì è vero," ricorda D'Alema, "volle parlare a tu per tu con me. Discutemmo del futuro di Mediobanca. Io gli proposi come presidente Mario Draghi. A mio parere, l'istituto doveva cambiare pelle e ridisegnare il capitalismo italiano. Non poteva limitarsi a essere la cassaforte che garantiva il controllo di pochi grandi gruppi. Gli dissi: normalizzatevi e la persona giusta è Draghi." E il presidente onorario di Mediobanca come reagì? "Apprezzava Draghi ma difese Maranghi, con affetto quasi paterno, mi descrisse il suo carattere di uomo mite ma determinato. E poi mi chiese di farlo entrare." Cuccia morirà poco dopo, il 23 giugno 2000. Nella ricostruzione di Geronzi, Cuccia accettò di sostenere l'OPA dei "capitani coraggiosi" in cambio della continuità di Mediobanca. "Io non chiesi a Cuccia di sostenere Colaninno," aggiunge D'Alema, "e ci tengo a dire in questa circostanza, perché di leggende sulla Telecom ne ho lette molte, che non conoscevo nessuno dei protagonisti dell'OPA. Colaninno l'ho conosciuto in seguito. Cuccia mi disse che la situazione era insostenibile, che l'azienda andava malissimo, senza una vera proprietà. Cuccia riteneva insopportabile l'arroganza di Umberto Agnelli. Volevano che impedissi l'OPA. Chiedemmo un parere al consiglio di stato, c'era un problema di normative europee. La scelta del governo, anche per la propria quota, fu di neutralità. Né aderire né sabotare. Si scatenò il finimondo. De Benedetti, in odio a Colaninno, fece il diavolo a quattro. E sa chi fu l'unico a non fare pressioni? L'avvocato Agnelli, il quale mi disse che l'establishment di questo paese, mediocre e vendicativo, lo definì così, me l'avrebbe fatta pagare."

Nel 2001 la quota degli scalatori, con un'ingente plusvalenza, verrà rilevata dalla Pirelli di Marco Tronchetti Provera e da Edizione dei Benetton. A un prezzo elevato, seppur in linea con i multipli dell'epoca, corretto dopo lo shock planetario delle Torri Gemelle. Tronchetti fu sfortunato, non amato dal centrosinistra, ma commise anche degli errori. "Gli dissi un giorno," ricorda ancora Geronzi, "che non era un imprenditore. Era un buon manager e ha trattato bene con i cinesi di ChemChina, salvaguardando il suo ruolo." Il debito di Telecom al 30 settembre 2001 era di 22,6 miliardi, mentre quello di Olivetti era di 17,8. Complessivamente gravava sul gruppo un debito di 40,4 miliardi. Alla fine del 2004, prima della fusione fra Telecom e TIM, era sceso a 32,8. Nel 2007, al termine della gestione Tronchetti, era di 35,7 miliardi. Gilberto Benetton ammette oggi che l'investimento in Telecom fu un grosso errore. "Ma può capitare." La perdita? Circa due miliardi. Del resto il suo gruppo è stato il protagonista delle privatizzazioni meglio riuscite. Ha pagato 2150 miliardi di lire nel 1994 con Del Vecchio, Mövenpick e Crediop, per l'acquisto di SME (GS e Autogrill), strappando il gruppo alla Rinascente degli Agnelli e a Ferrero e COMIT. "Ricordo che un giorno," continua Benetton, "chiamai Umberto Agnelli perché noi volevamo solo Autogrill, la grande distribuzione non ci interessava. E lui mi rispose che Autogrill l'aveva già promessa a un fondo inglese. Ma non era vero, era solo un modo per tenerci lontani. Il gruppo Agnelli, nelle privatizzazioni, non aveva molta voglia di pagare." Benetton ricorda per esempio che per Autostrade, società senza debiti, non c'era una grande corsa. Le privatizzazioni tutti le chiedevano, tra gli industriali, pochi però erano pronti a mettere mano al portafoglio e rischiare in proprio. Afferma ancora Coltorti che le privatizzazioni furono viste da gran parte dell'impresa privata italiana come un affare eminentemente finanziario, raramente industriale.

La dimostrazione che i poteri forti del paese hanno un corpo gracile, mascherato dalla sicumera degli atteggiamenti e da una certa miopia strategica, è palese nella stagione dei cosiddetti "furbetti del quartierino". Gianpiero Fiorani, Stefano Ricucci e compagnia furono lasciati operare a lungo nella distrazione generale. Finanziati allegramente dalle banche, e non solo dalla Popolare di Lodi, poi travolta dallo scandalo. Con un certo compiacimento di alcuni settori dell'industria e della politica – in particolare il centrodestra di Silvio Berlusconi – perché erano utili strumenti per diversi regolamenti di conti all'interno del sistema. Davano l'assalto ai cosiddetti "salotti buoni", scuotevano l'albero immobile, appesantito di un capitalismo di relazione. E sembravano anche paladini del mercato. Ricordo una dichiarazione di Fedele Confalonieri al quale, dopotutto, Ricucci, il "dentista di Zagarolo", stava simpatico. Era un outsider, un po' come lo era stato il suo amico Silvio. La storia è nota con le inchieste sull'Antonveneta, il coinvolgimento del governatore della Banca d'Italia, Antonio Fazio. Meno noto è il momento in cui Cesare Geronzi e Giovanni Bazoli affrontarono la questione Ricucci, che aveva ormai rastrellato, nel 2005, il 20 per cento di RCS ed era disposto a vendere le proprie azioni alla bellezza di 7 euro. Geronzi e Bazoli decisero di non comprare. “Le azioni sono certamente in garanzia al debito che ha contratto,” è stato il loro ragionamento. I soldi a Ricucci li aveva dati Fiorani, banchiere considerato tra i più dinamici anche da molti suoi titolati colleghi. L’omertà bancaria era diffusa allora come oggi. Ma chi aveva garantito per loro? Chi li aveva spinti a dare l’assalto alla RCS? Se ce l’avessero fatta avrebbero puntato dritti su Torino. La FIAT era nel suo momento di massima difficoltà dopo la morte dell’Avvocato e del fratello, il 27 maggio 2004, ed erano appena state respinte le mire dell’amministratore delegato Giuseppe Morchio sul potere e sugli assetti azionari nel gruppo. Gianluigi Gabetti ricorda di aver convocato un consiglio straordinario nel cimitero di Villar Perosa, a esequie di Umberto appena terminate, per rispondere alle pretese di Morchio. Se i giornali non avessero fatto inchieste e pubblicato commenti (si veda il mio fondo su “Il Sole 24 Ore” del 15 aprile 2005 dal titolo *Il mercato e il teatro delle ombre*), quella compagnia di *raider* avrebbe occupato la scena dell’economia e della finanza italiane, guardata con simpatia da una parte della politica allora al potere. L’OPA di Unipol su BNL ebbe come risultato finale il passaggio della banca nell’orbita di BNP Paribas e la conferma pluriennale della presidenza di Luigi Abete. La disprezzata economia cooperativa (“si occupino dei supermercati,” dissero Amato e Montezemolo) poi verrà chiamata da Mediobanca per salvare SAI-Fondiaria dal crollo di Ligresti.

Un paese debole, dunque appetibile

Ho ricordato soltanto alcuni dei tanti episodi della storia industriale e finanziaria del dopoguerra italiano per arrivare a qualche considerazione sui poteri forti italiani. Il dramma è che non esistono più. Ne avremmo bisogno. Quando mancano, c'è spazio per nuovi protagonisti, ed è un vantaggio, ma anche una prateria per gli avventurieri, ed è un guaio. Nella politica accade qualcosa di simile. Non ci sono più i partiti? Largo a rottamatori e populisti, a pifferai e incantatori. I poteri forti del passato avevano molti difetti e diverse colpe. Ma esprimevano, in alcuni passaggi drammatici, un senso di responsabilità nazionale, un'idea di paese, una consapevolezza del loro ruolo. Spesso dimentichiamo – ricorda Paolo Bricco del "Sole 24 Ore" – come il ceto industriale del Novecento, con i mille difetti di ciascun fenomeno umano e storico, abbia dimostrato una sua specificità culturale e identitaria. Basti pensare che, sul tema della dialettica fra gli interessi pubblici e gli interessi privati e sulla questione della responsabilità dell'impresa e del senso della comunità, il nostro paese ha elaborato, in particolare a partire dal secondo dopoguerra, un canone complesso e originale, formato da almeno tre modelli. Gli Agnelli hanno rappresentato un modello di egemonia responsabile, in cui gli interessi dell'impresa venivano perseguiti in maniera militare. Gli Olivetti – in particolare dal 1945 al 1960, durante la leadership di Adriano – hanno provato, con alterne vicissitudini, a introdurre l'elemento utopico nelle scelte dell'impresa, la cui profittabilità ed efficienza servivano a finanziare gli esperimenti sociali, politici e culturali. C'è, poi, un terzo modello, che si può definire dei "Grandi Lombardi": i Falck, i Pirelli e i Pesenti che, in virtù della adesione alla loro gente e di un senso dell'élite insieme illuministico e cattolico, hanno creato – nel corso del secolo scorso – grandi gruppi che hanno sviluppato attività sociali e di welfare aziendale ante litteram. Ma il difetto principale di queste classi imprenditoriali è stato, nonostante i successi, quello di essersi, troppo a lungo, illuse di vivere in un ambiente protetto e sostanzialmente autarchico. L'eredità del Ventennio, la presenza pubblica asfissiante ma in molti casi comoda nella suddivisione di quote storiche di commesse, hanno impedito l'affermarsi di una vera e propria cultura industriale. Sarebbe stato necessario prepararsi meglio all'apertura dei mercati. Ma l'Europa era inizialmente indigesta anche alle stesse rappresentanze imprenditoriali. Si studiò poco la lezione della ricostruzione, si pensò in molte circostanze che i problemi di competitività derivassero unicamente dal costo del lavoro. Non da un deficit di innovazione, specie nei prodotti, emerso nella sua drammaticità con la crisi finanziaria del 2008. La presenza pubblica è stata un alibi per frenare l'ammodernamento aziendale e non battersi di più sul piano della competitività internazionale. Chi ricorda le infinite e inutili discussioni sulle quote per le auto giapponesi? La chiusura di molte delle scuole interne di formazione dei principali gruppi industriali è stata tra le cause dell'affievolirsi progressivo della cultura industriale e manageriale del paese. Lo scrisse bene nel suo libro *Capitani di sventura* Marco Borsa, nipote di Mario, il direttore del "Corriere" dopo la Liberazione. Un libro profetico. Pubblicato da Mondadori nel 1992. Agnelli, De Benedetti, Pirelli, Romiti, Ferruzzi, Gardini – nell'analisi di Borsa – avrebbero fatto perdere al paese la sfida della competitività. È quello che puntualmente è accaduto.

Nel novembre del 1944, l'Italia era ancora divisa in due, la guerra non era ancora finita. Il governo Bonomi inviò negli Stati Uniti una delegazione che aveva lo scopo di chiedere aiuti per la futura ricostruzione. C'erano esponenti laici e cattolici. La guidava Raffaele Mattioli, amministratore delegato della COMIT. Il suo assistente era il giovane Enrico Cuccia. Secondo Ettore Bernabei – con il quale ho avuto decine di conversazioni di grandissimo interesse – quella fu l'occasione per una sorta di spartizione del potere tra cattolici e laici. "De Gasperi e Mattioli," scrive Bernabei nell'*Uomo di fiducia* (Mondadori, 1999), "si misero d'accordo sul fatto che i cattolici avrebbero guidato il governo mentre i laici avrebbero seguito i loro interessi nella finanza, nell'industria, nell'editoria." "Mediobanca nacque nel 1946 e gestì il suo potere," racconta ancora

Coltorti, "nell'ambito di accordi non scritti con i cattolici. C'era un rapporto di fiducia reciproco."

Giordano Dell'Amore, a lungo presidente della CARIPLO, feudo cattolico, fu presidente del collegio sindacale di Mediobanca. Anche l'istituto di Cuccia, come si è visto, verrà a patti con la politica e pagherà alcuni prezzi. All'epoca della sua privatizzazione, nel 1988, con presidente Antonio Maccanico, il ruolo svolto da Salvatore Ligresti fu quasi decisivo. La disponibilità di Mediobanca ad aiutare il costruttore siciliano nel superamento della sua crisi finanziaria fu il prezzo pagato per ottenere la neutralità di Craxi nella privatizzazione. E si rifletterà negli equilibri interni. Quella centralità di Mediobanca, vero potere forte della prima repubblica, non esiste più. L'istituto nell'allora via dei Filodrammatici ha pagato anche colpe proprie e scontato una certa antipatia accumulata negli anni in cui di fatto era monopolista nel *merchant banking* nostrano. Inoltre, con la globalizzazione dei mercati e dei servizi finanziari, dall'inizio degli anni novanta, Mediobanca si è trovata sempre più piccola in mezzo a concorrenti stranieri sempre più grandi.

Le privatizzazioni, con le loro incerte conseguenze, hanno fatto sì che le porte del paese si spalancassero alle grandi banche anglosassoni, per le quali il nostro mercato continua a essere un grande affare, dato l'elevato debito e la montagna di crediti in sofferenza. Ma non abbiamo mai lungamente riflettuto sul perché la nostra classe dirigente abbia abbracciato, con slancio provinciale, i grandi banchieri d'affari e sul perché molti, troppi, abbiano accettato di lavorare per Goldman Sachs, J. P. Morgan, Morgan Stanley, non appena smesso un ruolo pubblico: Prodi, Draghi, Siniscalco, Grilli e tanti altri. Non solo gli italiani, per carità. L'avrebbero fatto i Mattioli e i Cuccia? La scelta dell'ex presidente della Commissione europea José Manuel Barroso di accettare di essere presidente non esecutivo della filiale europea della Goldman Sachs ha suscitato molti commenti negativi. Quasi una sorta di abdicazione europea allo strapotere delle banche d'affari americane, ormai senza rivali nel Vecchio Continente. Lloyd Blankfein, gran capo di Goldman Sachs, venne una volta in Italia dopo aver inaugurato la sede della banca d'affari americana a San Pietroburgo. Eravamo all'apice della globalizzazione, ma c'era già qualche segnale dell'ormai imminente e lunga crisi finanziaria. All'epoca avevano un contratto con Goldman Sachs sia Mario Monti sia Gianni Letta. Io venni invitato a un lunch in un albergo romano, lo Splendide Royal. Era il 26 settembre 2007. Vederli al tavolo con Blankfein, quasi fossero suoi impiegati, mi fece un certo effetto. Una sensazione di disagio. Credo, conoscendoli e apprezzandoli, che qualche disagio l'abbiano avuto anche loro. I veri poteri forti erano gli altri. E lo sarebbero stati sempre di più.

Azionisti, padroni ed editori immaginari

Il giornalismo, specie quello economico, dovrebbe essere il "guardiano del potere". Spesso ne è soltanto il cucciolo. Ansioso di ricevere una carezza. Un biscotto magari sotto forma di una notizia. Anche una piccola soffiata che per sua natura non è neutra e non danneggia quasi mai la fonte. L'editore puro in Italia è un'autentica rarità. Quando acquistò il "Corriere" nel 1974, Rizzoli fece il passo più lungo della gamba e, in una congiuntura che vedeva il prezzo del quotidiano bloccato (inserito a lungo nel paniere di calcolo della contingenza), rimase intrappolato nei debiti e si consegnò mani e piedi alla loggia massonica P2 di Licio Gelli.

La Mondadori venne attratta dall'avventura televisiva di Rete4 per la quale non aveva né le competenze né i mezzi. E sarà costretta a cederla a Berlusconi. Come fece del resto Edilio Rusconi con Italia 1.

L'illusione che ha condannato gli editori al fallimento nella diversificazione televisiva è spiegata con una semplice legge di mercato. Mai credere che una migliore tecnologia nella diffusione dei contenuti rappresenti la naturale evoluzione del proprio business. Non è l'estensione del giardino di casa. È un altro mondo.

Qualcosa di analogo sta avvenendo oggi con l'informazione digitale. Gli errori si ripetono. Nell'editoria protetta dalla lingua e dalla sua vicinanza al potere politico – che l'ha a lungo sovvenzionata e continua a farlo – è fiorito un campionario, o meglio un bestiario, di manager o presunti tali che hanno lasciato alle loro spalle desolanti macerie. Senza mai pagare per le loro colpe. Se ne sono andati con abbondanti buonuscite. Rarissime le eccezioni.

Le proprietà industriali o finanziarie dei giornali hanno certamente tutelato i propri interessi anche esercitando indebite pressioni su direzioni e redazioni. Per mia fortuna non ho mai avuto a che fare con imprenditori del settore tanto abili quanto invadenti. Padroni veri. Ho detto pubblicamente che gli azionisti del gruppo Rizzoli-Corriere della Sera mi sembravano talvolta tanto diversi e disomogenei da apparire un po' come i membri del consiglio di sicurezza dell'ONU. E qualcuno di loro il diritto di veto ce lo aveva. Un fatto negativo sotto il profilo delle politiche aziendali. Chi era, alla fine, l'editore?

Non è così però sul piano della libertà di scelta. Se si tiene la schiena dritta, se si hanno ottimi giornalisti e valenti collaboratori, l'autonomia è garantita. Ma prima o poi la si paga, il rapporto fiduciario si allenta. Ed è naturale che sia così. Accontentare tutti gli azionisti, anche volendolo, sarebbe stato impossibile. Dimostrare a tutti, nessuno escluso, che il giornale aveva una sua personalità, una sua storia, che la credibilità era parte del suo valore, anche per gli azionisti, era persino un dovere. Ma penso, nello stesso tempo, che alcuni di loro – e mi rendo conto di come questa affermazione vada controcorrente rispetto all'epica dei poteri forti – abbiano investito nei giornali per un senso di responsabilità nazionale, non per la voglia di mettere le mani su un'altra porzione di potere. In qualche caso per pura passione. Sì, certo, alcuni di loro avranno pensato che in questo modo avrebbero stipulato una sorta di assicurazione, cioè sarebbero stati ammessi definitivamente nell'establishment. Soci di un club prestigioso. Escludendo altri, *raiders* indesiderati ma anche fastidiosi concorrenti. E che per questo abbiano accettato, in alcuni casi, di perdere dei soldi. E non pochi. Tutti hanno sicuramente sopravvalutato la possibilità di influenzarne la linea editoriale, di ottenere una sorta di salvacondotto, soprattutto giudiziario. Ma dipende dalla qualità della redazione e dall'autorevolezza di chi la dirige. E il lettore non è un allocco che si beve tutto. Distingue.

Il "Corriere" ha sempre esercitato un fascino irresistibile, anche se il suo potere di influenzare l'opinione pubblica è stato ed è sovrastimato. E ha suscitato un certo timore con il suo carico di storia, con quella lunga scala nella quale sono esposti tutti i ritratti dei suoi celebri collaboratori in centoquarant'anni di vita. Nel palazzo di via Solferino venduto, a detta di non pochi, al di sotto del valore di mercato. Un tempio che intimorisce, un marchio straordinario, di valore superiore a quello dei suoi tanti soci.

Giuseppe Rotelli, un importante imprenditore della sanità lombarda, aveva il pallino dell'editoria, e vagheggiava che una rivoluzione liberale potesse scaturire da un'eccellenza giornalistica e culturale. Si illudeva. Comprò generosamente azioni della casa editrice anche per impedire che all'uscio si presentassero "furbetti del quartierino" come Stefano Ricucci, peraltro sdoganati da altri azionisti paludati della stessa RCS. Rotelli è morto nel 2014. Era una persona gentile, premurosa. Pur essendo diventato un grande azionista, non mi chiese mai di fare nulla. Mi esponeva le sue idee, favorevoli ovviamente all'iniziativa privata nella sanità, contrastava alcune opinioni che pubblicavamo. Ma nient'altro. Perse nell'avventura editoriale più di 250 milioni ma non lo sentii mai dire una frase del tipo "con tutti i soldi che ci ho messo..." Quella frase l'ho udita solo da Raul Gardini, durante il nostro ultimo incontro, nel 1993 in piazza Belgioioso, poco prima del suo suicidio. La disse, con veemenza romagnola, battendo i pugni sulla scrivania. Rotelli non voleva nemmeno che andassi io a trovarlo. Veniva lui in via Solferino anche quando la malattia lo aveva indebolito e deformato nel viso. Aveva per il "Corriere" un'ammirazione quasi religiosa. Una volta riuscii a convincerlo a non venire in redazione e andai io da lui in piazza Türr a Milano. Strano posto nel quale era palpabile l'ossessione per l'igiene del proprietario. Mi ricevette in un grande soggiorno nel quale aveva esposto quadri di pittori lombardi del Seicento e del Settecento. Una pinacoteca con un tavolo apparecchiato per due. La mia sorpresa fu quella di vedere il "Corriere" messo in bella mostra su un prezioso leggio medievale. Non credo che lo avesse fatto apposta per compiacere l'ospite.

I pranzi erano piacevoli ma interminabili. Il professore – lo si chiamava così – mangiava con una lentezza esasperante. E quando si avvicinavano le quattro del pomeriggio diceva: "Lei, direttore, quanto tempo ha ancora?" Rotelli non fece in tempo a coronare il suo costoso sogno, non interferì mai nelle scelte del giornale, neanche con una banale e innocua raccomandazione. Pochi giorni dopo la sua morte ricevetti una lettera, scritta a mano da lui. "Caro direttore, non posso lasciare questa vita senza salutare e ringraziare lei e i suoi collaboratori..." Ho i brividi ancora oggi. Rotelli chiese addirittura il permesso di visitare la redazione romana del "Corriere", cosa che suscitò persino una protesta sindacale. Non disse nulla nemmeno quando decisi di affidare la guida dell'edizione di Brescia a un valido collega, Massimo Tedeschi, che gli aveva dato in passato qualche dispiacere. Non fu l'unico, tra gli azionisti, ad avere un atteggiamento rispettoso della diversità dei ruoli.

Al momento della costituzione dell'edizione di Bergamo, da Giampiero e Carlo Pesenti non arrivò alcuna segnalazione. Così con Roberto Bertazzoni (SMEG) e ancora prima con Antonio Ratti. Con Diego Della Valle c'era e c'è maggiore confidenza che ha agevolato nel tempo scambi più dialettici. Ha perso anche lui, come gli altri, e non poco.

Con il gruppo Ligresti ho avuto rapporti soltanto negli anni della mia seconda direzione, mediati da Massimo Pini. Una domenica piovosa di novembre Ligresti mi invitò, con Manfredi Catella allora in Hines, a visitare tutto il cantiere di Porta Nuova. I grattacieli erano ancora sulla carta. C'erano solo immensi crateri colmi di fango. L'ingegnere fu generoso di ragguagli tecnici e a fine mattinata andammo allo IEO (Istituto europeo di oncologia). Ci teneva a farmi vedere la nuova ala. Rimasi stupito quando entrò nello studio di Umberto Veronesi senza nemmeno bussare. Umberto lo accolse con un largo sorriso, come sempre, cogliendo anche il mio imbarazzo. Ligresti mi disse a un certo punto: "E ora andiamo a pranzo in cascina." Ne possedeva, e credo ne possegga, a decine intorno a Milano. Mi ritrovai in una grande tavolata familiare. A disagio. Poi fuggii con la scusa del lavoro che mi attendeva.

Con Marco Tronchetti Provera, azionista storico con Pirelli del "Corriere", le relazioni non sono state facili, nonostante il nostro rapporto di lunga amicizia, che permane. Si è dispiaciuto più volte, usiamo questo eufemismo, per opinioni e articoli, in particolare per le analisi di Alessandro Penati. Ma non ha mai nemmeno tentato di far valere la propria posizione di proprietario. Vi è stato tra me e lui uno duro scambio di lettere, in parte riportate nella storia del gruppo scritta da Carlo Bellavite Pellegrini (*Pirelli. Innovazione e passione (1872-2015)*, Il Mulino, 2015). Incontri e telefonate. Confronti franchi. Mi capitò due volte di chiamarlo la sera per annunciargli che il giorno dopo avremmo scritto, noi soli, che risultava indagato dalla procura di Milano in margine alle inchieste Telecom. Quando fu prosciolto, ritenni doveroso metterlo in prima pagina, a mo' di risarcimento. L'articolo scatenò tuttavia una lettera di Luca Garavoglia all'intero consiglio d'amministrazione, indignato per il trattamento privilegiato che avrebbe avuto Tronchetti. Il proprietario di Campari era nel consiglio RCS in quota FIAT. E con Tronchetti aveva e ha rapporti che definire pessimi è un altro eufemismo. Insomma, era una faccenda tra loro. Risposi a Garavoglia con una mail estesa all'intero consiglio, esagerando nei toni.

La notte in cui la RAI passò da sogno a incubo

Il fascino della RAI è indescrivibile. E credo, nonostante tutto, che sia rimasto intatto nel tempo. Da cronista di nera, esistevano due modi per superare un blocco, farsi aprire una porta, accedere per esempio al luogo di un delitto. O dire "Siamo della questura", si faceva. O dire "Siamo della RAI." Irresistibile.

Quando fu varata la prima grande riforma della RAI, nel 1975, con i tre telegiornali – uno democristiano, l'altro socialista e il terzo comunista – lavoravo ancora al "Corriere dei Ragazzi". Il direttore, Alfredo Barberis, gran signore e ottimo critico letterario, era convinto che un giornale per i giovani – e persino il "Corriere dei Piccoli" – potesse vendere di più facendo intervenire gli scrittori amati dagli adulti. Un'illusione. Ricordo che una volta corse per la redazione, contento come un bambino, perché Saverio Strati (autore di *Tibi e Tàscia*, 1959) gli aveva scritto una fiaba. La sventolava orgoglioso davanti ai nostri occhi. Barberis mi disse un giorno che, se fossi stato interessato ad andare in RAI, lui avrebbe potuto parlarne con Pio De Berti Gambini, uno dei dirigenti storici della televisione pubblica, autore di una celebre intervista televisiva a Eugenio Montale. La telefonata a De Berti Gambini ci fu effettivamente. Del tutto inutile.

Per avere qualche chance di entrare in RAI avrei dovuto farmi sponsorizzare da un partito. Non c'era alternativa. La lottizzazione non suscitava all'epoca un grande scandalo. Era qualcosa di normale, come l'eccessiva ingerenza del sindacato nel determinare non solo le assunzioni, ma persino i percorsi di carriera. I tempi erano quelli. E non vi era una grande opposizione. Tutt'altro. Accadeva alla RAI, accadeva al "Corriere" dove era prassi, per esempio, che un certo equilibrio fra i principali partiti venisse rispettato anche nella composizione della redazione politica, specialmente quella romana. Ovviamente non ci pensai un attimo. E non avrei saputo nemmeno a chi rivolgermi.

Durante la presidenza RAI di Letizia Moratti, io facevo il vicedirettore del "Corriere" con Paolo Mieli. Era il 1994 e la presidente un giorno mi chiamò per chiedermi se ero interessato a dirigere un telegiornale della RAI. Mi chiese soltanto una generica disponibilità e disse di volere una risposta definitiva entro la mezzanotte del giorno dopo. Ci pensai a lungo e ne parlai soprattutto con Indro Montanelli. La sera in cui avrei dovuto dare una risposta entro la mezzanotte fummo invitati, io e mia moglie Elisabetta, a cena da Indro e dalla sua compagna Marisa Rivolta. Avevo una mezza intenzione di dire di sì, ma Indro fu spietato nell'elencarmi tutti gli svantaggi. E mi convinse. Anche Enzo Biagi, che della televisione era maestro e grande firma della RAI, si espresse in termini negativi.

L'era Berlusconi stava cominciando, non stava finendo come avremmo poi tutti pensato al momento del clamoroso voltafaccia di Bossi al primo governo del Cavaliere. Sarebbe durata bene o male un ventennio. E Biagi ne avrebbe sopportato – come Indro allora appena divorziato dal suo editore – tutte le conseguenze, in particolare con il famoso "editto bulgaro", ovvero la dichiarazione rilasciata nel 2002 in conferenza stampa a Sofia contro Daniele Luttazzi, Michele Santoro e lo stesso Biagi. A mezzanotte meno cinque minuti telefonai alla Moratti che fu, come sempre, cortese nella sua naturale freddezza. E rinunciai. Non ho mai saputo a quale telegiornale sarei stato destinato. Credo al TG3, perché durante la stessa notte, la direzione venne offerta a Daniela Brancati. Nel corso della presidenza di Lucia Annunziata, mentre ero amministratore delegato di RCS Libri – siamo nel gennaio del 2004 –, emerse la possibilità che conducessi, alternandomi credo con Bruno Vespa, una fascia di informazione simile a quella di Biagi subito dopo il TG1. La proposta di Lucia in consiglio di amministrazione fu avversata da tre consiglieri di centrodestra. In particolare Angelo Maria Petroni giustificò la propria posizione dicendo che "il governo certi nomi non ce li passerà mai". Lucia, nella sua testimonianza scritta al processo intentatomi dagli avvocati di Berlusconi, contenuta anche nella sentenza della corte d'appello di Milano, a me sfavorevole, del 6 maggio 2009, disse: "Ho proposto nomi autorevoli, li hanno bocciati perché non graditi al governo."

L'ipotesi di una presidenza RAI mi venne prospettata da Dario Franceschini, che allora era segretario del Partito democratico, nel gennaio del 2009. L'indicazione spettava, secondo la legge, alla minoranza. Mi convinsi che forse era venuto il tempo di lasciare, dopo più di quattro anni, la direzione del "Sole 24 Ore." E dissi un iniziale sì convinto. Domenica 7 marzo andai a dormire ormai certo che la mattina dopo avrei detto il sì definitivo sia a Franceschini sia a Gianni Letta, sottosegretario alla presidenza del consiglio, che trattava per conto di Berlusconi. La notte, invece, fu agitatissima. Mi sembrava di dire un addio prematuro alla professione. Non mi comportai benissimo. Avrei dovuto dire di no prima. L'8 marzo era già tardi. I giornali erano pieni di indiscrezioni. Al mattino presto telefonai sia a Franceschini sia a Letta per dire che ci avevo ripensato. Non sapevo nemmeno che il direttore generale sarebbe stato Mauro Masi. Ma li misi in difficoltà. Una figuraccia, una ritirata oltre il limite consentito.

Dopo pochi giorni venne individuato Paolo Garimberti come nuovo presidente di viale Mazzini.

La seconda volta, durante il governo tecnico nel 2012, fu lo stesso Monti a chiamarmi e a invitarmi a pranzo a palazzo Chigi. C'era anche la moglie Elsa. Dissi subito di no, facendo tesoro dell'errore commesso tre anni prima, e Mario si arrese subito, dicendo che avrebbe pensato a una presidenza al femminile. E il nome che mi fece, tra gli altri, fu quello di Anna Maria Tarantola, che allora era nel direttorio della Banca d'Italia. Credo sia stata un ottimo presidente. Una persona scrupolosa, attenta alle procedure, persuasa che un'azienda operi al meglio nella tracciabilità delle scelte e nella responsabilizzazione dei vari livelli direttivi. La discussione, nel pranzo di palazzo Chigi, andò avanti e si concentrò sui poteri assai limitati, di pura rappresentanza, del numero uno dell'azienda. Monti, però, aveva le idee chiare. Era del tutto convinto che si dovesse cambiare – come poi sarebbe avvenuto anche se in altro modo con la riforma del governo Renzi – la governance aziendale.

Ho rischiato invece di entrare, mio malgrado, nel consiglio di amministrazione della RAI, nominato nel luglio del 2015. E devo ringraziare la sinistra di SEL per non avermi votato. L'indicazione del mio nome venne fatta da Massimo Mucchetti, senatore del PD, e avallata dal leader della sinistra PD, Roberto Speranza. Anche qui devo ammettere un errore. Mucchetti mi chiamò per sondare una mia disponibilità e io gli chiesi solo di attendere una verifica con il mio avvocato Mario Fezzi, sul patto di non concorrenza stipulato al momento dell'uscita dal "Corriere". Effettivamente, come pensavo, gli accordi mi impedivano, per un anno, ovvero fino all'aprile del 2016, di accettare anche ruoli di consigliere. Telefonai subito a Massimo senza trovarlo. Nel frattempo, l'infernale macchina della politica e dell'informazione era andata avanti. Il nome era uscito sulle agenzie. Per fortuna il rappresentante di SEL nella commissione di vigilanza decise di non votarmi. Un grazie di cuore perché mi sarei trovato in difficoltà, in imbarazzo e in aperta violazione di un obbligo contrattuale.

Un contratto RAI però l'ho avuto. E anche la mia tessera di collaboratore. Appena lasciato il "Corriere", ricevetti una telefonata di Costanza Esclapon che mi chiedeva, a nome del direttore generale Luigi Gubitosi, di fare il presidente della commissione d'esame per i nuovi giornalisti RAI. È stata un'esperienza bellissima. Durata alcuni mesi, da giugno a ottobre del 2015. Cinquanta giorni trascorsi a Saxa Rubra, nella vecchia sede del TG1. Quattrocento candidati per cento posti, selezionati dopo un primo esame con un questionario di cento domande, al quale avevano partecipato, alla Fiera di Perugia, oltre 3300 candidati, giornalisti professionisti. La commissione era formata, oltre che da me, da Alberto Maccari, mio vice, Daniela Tagliafico, Daniela de Robert, Fabrizio Maffei, Alessandro Casarin, Filippo Anastasi, Roberto Mastroianni. È stato un concorso impegnativo e rigoroso. Le persone della direzione del personale RAI sono state straordinarie per impegno e serietà. E anche passione. Certo, non si è riusciti ad avere la carta igienica nei bagni, ma la cura dei dettagli regolamentari e l'assistenza ai candidati è stata impeccabile. Quei mesi a Saxa Rubra mi hanno convinto che la RAI è uno strano impasto di virtù e difetti italici. Conserva uno spirito di corpo che si nota raramente – e non solo nelle aziende editoriali – che tracima però, non raramente, in un sindacalismo esasperato e in forme di corporativismo fuori dal tempo. Devo però dire che l'USIGRAI, il sindacato RAI, che aveva voluto fortemente quel concorso, e ne aveva scritto le regole con l'azienda, si comportò bene. La commissione operò nella massima libertà. Non vi fu mai una telefonata di raccomandazione, mai una pressione. I colleghi selezionati, alcuni già con una solida carriera alle spalle, hanno mostrato un'ottima preparazione. Non sono mancati i momenti in cui, come presidente, ho provato qualche imbarazzo a giudicare giornalisti esperti e competenti che probabilmente ne sapevano, su alcuni temi, più di me. Molti colleghi che lavoravano all'estero erano stati attratti dal fascino di lavorare per il servizio pubblico. Disposti anche a rinunciare a contratti a tempo indeterminato pur di entrare in RAI, nelle sedi locali e scontando persino un'iniziale precarietà. Trovo sia stato un errore da parte della dirigenza RAI non assumere subito tutti i cento vincitori del concorso. In ogni caso, a fine febbraio del 2017, erano stati immessi in servizio settantatré colleghi sui novantacinque ai quali era stata fatta una proposta. Alcuni avevano desistito. Quando si hanno sottomano persone brave, entusiaste e inevitabilmente ansiose di essere buttate nella mischia, meglio non lasciarsele sfuggire. Ma mi ha fatto piacere che siano stati presi in considerazione anche candidati rimasti esclusi per un'incollatura, ai quali magari mancava una frazione di punto. Sono entrati colleghi con la conoscenza di almeno due lingue. Gente che parla arabo, russo, giapponese, cinese.

Quel concorso resta un'esperienza di grande serietà, la dimostrazione che la RAI rimane, nonostante tutto, la più grande azienda culturale del paese, anche se a volte appare un disordinato e sciatto deposito di intelligenze e un ginepraio di furbizie.

Carlo Verdelli, che è stato a lungo con me al "Corriere", ha avuto un'esperienza di circa un anno come direttore editoriale della RAI, prima di essere costretto a dimettersi. Ha provato a coordinare, nel rispetto delle autonomie, l'informazione del servizio pubblico. Inventarne un futuro digitale che non si preoccupa di avere. Il suo piano editoriale è stato bocciato da quelle alleanze trasversali che solo in viale Mazzini hanno livelli così elevati di spregiudicatezza. Si è scontrato con un muro di diffidenze e ha misurato sulla propria pelle quanto sia dura e impenetrabile la resistenza corporativa e quanto diffusi i legami con la politica o quello che rimane. Verdelli è stato ed è un grande innovatore del giornalismo. Suo il modello "Vanity Fair" in Italia. Ha firmato una indimenticabile stagione della "Gazzetta dello Sport" (mitico il titolo *Tutto vero!* per la vittoria ai mondiali di calcio del 2006). Tra i miei errori c'è quello di non essermi battuto nel 2003, come avrei dovuto, perché fosse lui a succedermi alla direzione del "Corriere". Ma mi accorsi che la proprietà aveva già da tempo individuato Stefano Folli, il miglior analista e commentatore della politica, come sostituto. Avrei dovuto impiegare le stesse energie e la stessa determinazione che misi nel 2015 per convincere gli azionisti che la scelta migliore per la successione era Luciano Fontana, del quale sono orgoglioso di essere il predecessore.

Giornali e magistratura, realtà e falsi miti

Uno dei poteri assolutamente forti del paese è la magistratura. Credo sia stato doveroso difenderne l'indipendenza, anche a costo di qualche indulgenza di troppo. Ma, come ho scritto nei capitoli precedenti, l'errore più grande che mi attribuisco è quello di aver avuto, negli anni delle mie direzioni – non sempre per la verità –, una colpevole disattenzione per le persone coinvolte ingiustamente nelle vicende giudiziarie. Responsabilità mia, non dei colleghi interessati. Molta enfasi all'inizio delle indagini e poi un progressivo scemare dell'attenzione.

Ci siamo comportati meglio di altri, ma avremmo dovuto fare di più. Sentenze anticipate per un semplice avviso di garanzia, specie negli anni di Mani pulite, nei quali fummo presi anche noi da qualche eccesso giustizialista. Colpa della lunghezza dei procedimenti, dei tre gradi di giudizio, certo. Ma questa può essere al massimo un'attenuante. Le assoluzioni, non poche, arrivano dopo molti anni, quando si è persa addirittura la memoria dei fatti. La restituzione della dignità percepita alle persone innocenti dovrebbe essere un impegno morale. Autonomo della professione. Non lo è.

L'informazione è un meccanismo infernale, l'attualità scaccia gli eventi accaduti soltanto qualche giorno prima, figuriamoci storie intricate di anni, vicende complesse nelle quali è facile perdersi e non resistere alla tentazione di lasciar stare. "A chi vuoi che interessi ancora?" In mezzo ci sono le persone, con le loro famiglie, i loro affetti, le loro relazioni. Dimenticarsele è come violentare la memoria, accettare che si sia sedimentato nella società un ricordo distorto, una falsa rappresentazione dei fatti, un'ingiusta sentenza popolare. C'è un rovescio della medaglia a tutto questo. L'oblio che colpisce le grandi stragi, i tornanti tragici della vita nazionale. "Come sono finiti i processi di piazza Fontana?" Nessuno sa rispondere. Perché la memoria è appassita nella distrazione collettiva.

Non restituire dignità e rispettabilità a un innocente, in un processo qualsiasi, fa il paio con la leggerezza con cui si confina negli archivi un evento tragico che ha segnato la storia di un paese. La ferita resta aperta. Il sentimento comune si addormenta. Un tassello dell'identità collettiva è semplicemente cancellato. E così vittime, innocenti e colpevoli si scambiano in modo beffardo le parti in una nebbia che ottunde le coscienze. I giusti hanno perso.

La magistratura si è difesa, soprattutto negli anni di Berlusconi, da uno scomposto attacco – operato anche con le leggi *ad personam*, ma non solo – che mirava a intimidirla, a ridurla al servizio del potere esecutivo. Gli scassinatori dello Stato di diritto erano all'opera, forti del consenso che non è mai legittimità di fare quello che si vuole. Qui sta il punto: il voto non autorizza nessuno a fare strame delle garanzie costituzionali.

Nell'attaccare, colpevolmente, l'autonomia e l'indipendenza dei magistrati ci si è dimenticati della storia. Si è operata un'altra grave rimozione. I magistrati hanno pagato – e lo abbiamo ricordato nel capitolo sugli anni di piombo – un prezzo altissimo alla difesa dello Stato di diritto. Hanno tenuto la testa alta anche quando lo Stato l'abbassava davanti al potere mafioso o tollerava il radicarsi di una tela corruttiva. Nel periodo sanguinoso, successivo all'ubriacatura ideologica del Sessantotto, i magistrati sono stati i bersagli del terrorismo. Cadevano nelle strade mentre qualcuno nel palazzo voleva addirittura scendere a patti con i fuorilegge.

È indubbio che vi sia stata un'esondazione di potere negli anni di Mani pulite fino al punto di vagheggiare un governo dei giudici. Il passaggio alla politica di diversi magistrati (Di Pietro, De Magistris, Emiliano, Ingroia) rientra nei loro diritti costituzionali ma fornisce, non raramente, un pessimo esempio di commistione di ruoli. De Magistris si è dimesso dalla magistratura, Emiliano no. Come possono esistere atteggiamenti così diversi? Sono il riflesso di mentalità ugualmente differenti anche nell'esercizio della funzione giurisdizionale? Interrogativi di questo tipo non possono non sollevare dubbi sulla imparzialità delle loro inchieste.

Il pool di Mani pulite, che ebbe il merito storico di svelare la corruzione dei partiti, tracimò in qualche caso dai suoi compiti, esercitando una supplenza della politica del tutto irrituale. Il pronunciamento pubblico dei pubblici ministeri milanesi contro il decreto Conso del 1993 – che era pur sempre una decisione legittima dell'esecutivo – è stato il passaggio più criticabile di una meritoria stagione di inchieste. Gli interessati vissero quel decreto come un "colpo di spugna". Esercitarono una sorta di obiezione di coscienza. Denunciarono un distacco inaccettabile tra la legge e la coscienza. Avrebbero rispettato le nuove norme, pur non condividendole, ma certamente avrebbero anche chiesto di essere trasferiti o assegnati ad altro incarico.

Mani pulite ha scoperchiato il malaffare senza debellarlo. Ha gettato un seme importante di riscossa della legalità che non è stato fatto crescere nell'ansia della politica e della società cosiddetta civile di archiviarlo come un periodo eccezionale. Una svolta che non ha inciso nel profondo del costume nazionale. Non ha educato il paese a una più alta concezione della legalità. Lo ha scritto bene Gherardo Colombo in *Lettera a un figlio su* Mani pulite (Garzanti, 2015). La filosofia sghemba della furbizia nazionale ha continuato a rigenerarsi, come la coda mozzata di una lucertola. La colpa non è dei magistrati. Il paese ha voltato pagina troppo frettolosamente. Ma è mancata, anche da parte degli stessi protagonisti, una rilettura critica degli avvenimenti. Come se tutte le toghe dovessero tenere la trincea dell'indipendenza. Anche in pensione. Sottraendosi a una sincera e disincantata disamina dei fatti. Un dibattito utile che non è stato ancora fatto. Peccato.

Siamo stati accusati di essere sempre dalla parte della magistratura, addirittura di esserne la voce acritica. Errori ne sono stati fatti, sicuramente, ma ho avuto la fortuna di lavorare con i migliori giornalisti giudiziari.

Fiorenza Sarzanini è una giornalista straordinaria per precisione e attendibilità. Prima di lei, Sandro Acciari, morto nel 2013, fu cronista attento e coraggioso. Con lui andammo una sera a Palermo a cena, sul finire degli anni novanta, con Giancarlo Caselli, allora procuratore della Repubblica di Palermo, in un ristorante di fatto blindato solo per noi. Per una breve stagione ho avuto come collaboratore Giuseppe D'Avanzo, autore di importanti inchieste, anche critiche, nei confronti di alcune procure. Luigi Ferrarella è un'autorità del diritto, oramai. Letto e rispettato da tutti. Giuseppe Guastella un eccellente cronista come lo sono stati, al "Sole 24 Ore", Donatella Stasio e Lionello Mancini.

Siccome siamo sempre stati sospettati di essere troppo vicini alla procura di Milano, sia negli anni di Borrelli sia in quelli di D'Ambrosio, Minale e Bruti Liberati e suppongo anche ora con Francesco Greco, vorrei parlare soprattutto di Luigi Ferrarella. Un cronista preparato e indipendente che non è il portavoce di nessuno. Porta solo notizie, accurate, vere. Io non gli ho mai chiesto delle sue fonti. Né a lui né agli altri. Il rapporto di fiducia si basa su questo. Qualche esempio. Le cause fatte da Mediaset al "Corriere" sono state vinte tutte dal giornale. Nella sentenza della corte di cassazione a conclusione di uno dei processi si legge: "La corte di merito ha ampiamente e congruamente motivato il proprio apprezzamento circa l'avvenuto rispetto dei canoni concernenti il corretto esercizio della cronaca giudiziaria, evidenziando come la notizia relativa all'esistenza di indagini in ambito penale (vera e di pubblico interesse) fosse stata illustrata con formule di cautela tali da fornire una rappresentazione non 'distorta o falsata' dei fatti e osservando come l'indicazione di Mediaset nei due titoli fosse giustificata da 'esigenze di chiarezza e immediatezza della comunicazione giornalistica', senza che ciò avesse comportato l'attribuzione di una qualsiasi responsabilità alla società." Si può continuare. La lista è lunga.

L'11 settembre 2014, il "Corriere" pubblicò in esclusiva la notizia dell'indagine sulle tangenti ENI per il petrolio in Nigeria, con le accuse all'amministratore delegato Claudio Descalzi, al suo predecessore Paolo Scaroni e a Luigi Bisignani. Pochi giorni dopo, alla Camera, il premier

Matteo Renzi disse: "Aspettiamo le indagini e rispettiamo le sentenze ma non consentiamo a uno scoop di mettere in crisi i posti di lavoro o a un avviso di garanzia citofonato (*sic*) ai giornali di cambiare la politica aziendale di un paese."

Le notizie sono notizie e vanno date. E nel darle non si mettono in dubbio le qualità professionali dei manager, né tantomeno si pone a rischio l'occupazione. Per sfortuna di Renzi, l'esistenza di un'indagine non era stata "citofonata" ai giornali. La notizia era emersa da una rogatoria internazionale a Londra, fatta con l'intenzione di ottenere il sequestro di fondi appartenenti a Emeka Obi, nigeriano accusato di essere intermediario delle mazzette.

Ferrarella e Guastella firmarono, il 16 aprile 2012, un'inchiesta sul caso Maugeri. Indagarono sulle ricevute dei viaggi contenute negli atti dell'arresto del faccendiere Pierangelo Daccò. I viaggi pagati a Formigoni che sarà indagato solo successivamente. Formigoni si era presentato da me qualche giorno prima, chiedendomi se avessi qualche informazione sulle indagini a suo carico. Non sapevo nulla e se anche lo avessi saputo non avrei detto nulla. Formigoni non è stato un pessimo amministratore. Tutt'altro. La sanità lombarda, al netto di qualche scandalo, funziona, è efficiente. Ma il potere gestito troppo a lungo, senza rivali, logora, trasforma, corrompe. E il "Celeste" ha perso gradatamente il contatto con la realtà. Era diventato irriconoscibile sia nell'abbigliamento sia nei comportamenti. Al "Sole

24 Ore" si era a lungo lamentato delle inchieste sul caso Oil for Food di Claudio Gatti e aveva coinvolto l'Assolombarda nel tentativo vano di frenare il flusso degli articoli. Da cronista, negli anni settanta e ottanta, avevo seguito i suoi primi passi come leader cattolico del Movimento popolare, braccio di Comunione e liberazione. Era bravo, convincente. Torniamo allo scoop sui viaggi. La sua reazione all'inchiesta giornalistica di Ferrarella e Guastella fu sprezzante. "Dov'è il problema? Verificherò se quel viaggio davvero l'ho svolto. Io come tutti gli italiani faccio vacanze di gruppo." E a proposito del giornalista del "Corriere" (ma erano due) che ha firmato il servizio lo definì "triste, sfigato e malinconico".

Grazie a Ferrarella e a Guastella, nel dissidio fra il procuratore capo di Milano Edmondo Bruti Liberati e il procuratore aggiunto Alfredo Robledo, il "Corriere" non ha preso le parti di nessuno. A differenza di altri giornali. Li ha fatti arrabbiare entrambi. La notizia del fascicolo sulla turbativa d'asta per le quote SEA "dimenticato" da Bruti in cassaforte (20 marzo 2014). L'accusa a Robledo di aver gestito, contro le regole, 170 milioni sequestrati nell'ambito dell'inchiesta contro quattro banche internazionali per i derivati del comune di Milano (4 ottobre 2014). Ritenevo assai grave per la credibilità della magistratura che esplodesse un dissidio così forte e non gestito tra un procuratore e un suo aggiunto.

Mi sono sempre domandato: che cosa penserà un cittadino sull'amministrazione della giustizia nella più importante giurisdizione italiana? Se dovesse, quel cittadino, sventuratamente essere indagato, con quale metro verrebbe giudicato? È così ampio e discrezionale lo spettro dell'obbligatorietà dell'azione penale? I nostri articoli non piacquero a Robledo e nemmeno a Bruti, che se ne lamentò con Piergaetano Marchetti, ex presidente di RCS e consigliere d'amministrazione. Avemmo con Bruti uno scambio telefonico, non simpatico.

I cronisti giudiziari sono bravi e indipendenti finché non scrivono cose sgradite seppur vere. È il vizio di alcuni magistrati, anche competenti e coraggiosi. Pensano che il giornalista fatalmente debba essere il continuatore delle loro inchieste.

Una volta, il presidente emerito della corte costituzionale, Valerio Onida, mi invitò alla Scuola superiore della magistratura, a Scandicci. E tenni una conferenza davanti a un gruppo di giovanissimi magistrati. Tutti convinti che la stampa debba essere dalla loro parte. Quasi fossimo tutti impegnati in una crociata per il bene. Un modo singolare di ragionare, abbastanza diffuso fra le toghe.

Ammiro il coraggio di Ilda Boccassini e credo sia stata ingiustamente attaccata, specie dopo il processo Ruby. È stata in prima linea nella lotta alla mafia. Volle andare in Sicilia dopo la morte di Falcone e Borsellino. Ha carattere, e dunque anche pessimo. Ma per fortuna il paese ha avuto toghe coraggiose e preparate come lei. Non ci conoscevamo, con Ilda Boccassini, quando ci sentimmo per la prima volta. Era il 1° marzo 2000. Un imprenditore milanese, Fabio Tacchinardi, era stato rapito sotto la sua abitazione a Basiglio. Il titolare delle indagini era proprio Ilda Boccassini, che chiese ai giornali di non pubblicare nulla. "Ne va dell'incolumità del rapito." Ne parlai con Ezio Mauro, direttore di "Repubblica". E acconsentimmo. "Non scriviamo nulla."

Nella lunga stagione dei rapimenti, la collaborazione con le forze dell'ordine non era rara quando si trattava di non pubblicare qualcosa che mettesse a repentaglio una vita umana. Accadde anche, prima del blocco dei beni, che i famigliari facessero finte inserzioni per poter dialogare con i rapitori. Sapevamo, tacevamo. Ma nel tardo inverno del 2000 l'informazione era già cambiata. Non c'erano ancora i social network ma molte le radio e le televisioni private. Una notizia così non si teneva. E poi era accaduto che il governo di centrosinistra si vantasse di aver debellato il fenomeno dei rapimenti. Ministro dell'Interno in quel periodo era Enzo Bianco. Non pubblicare avrebbe avuto anche un chiaro valore politico. Richiamai Mauro e decidemmo di scrivere. Toccò a me dare la pessima notizia alla Boccassini che non la prese bene. Vi lascio immaginare il mio stato d'animo quella notte. E se l'imprenditore rapito fosse stato ucciso? Avremmo avuto la responsabilità morale di un omicidio. Una notte insonne. Giorni terribili. Tacchinardi sarebbe stato liberato dalla polizia nel giro di settanta ore in un cascinale vicino a Tortona. E catturati i due balordi responsabili del sequestro del tutto artigianale.

Con Ilda Boccassini sono stati numerosi gli incontri, gli scambi di idee, anche su posizioni diverse. A un certo punto volle fare una intervista solo con me. "Non sono un cronista giudiziario." "Non importa." Parlammo ore, della mafia, di Berlusconi, di tante altre cose. Un po' malvolentieri scrissi l'intervista e gliela mandai da leggere. "Non mi ritrovo, non sono io." E non uscì nulla, come da accordi. Un peccato, riletta non era una brutta intervista. Ma Ilda, conoscendola, non avrebbe mai cambiato idea.

Il fascino della politica e l'alternativa del diavolo

Un incontro mancato. La politica ha esercitato su di me un grande fascino e, nello stesso tempo, un incontrollabile terrore. Le proposte di impegnarmi in prima persona in questi anni sono state numerose. La tentazione è stata forte, ma alla fine ho detto sempre di no. Per una semplice e qui confessabile ragione. Nel momento in cui – magari con leggerezza e compiacimento – decidi di fare il grande salto, è inevitabile che tutto quello che hai scritto e hai fatto venga letto alla luce della tua scelta politica. Tutto è piegato a quell'esito. Il rischio di buttare la professione in una sorta di cestino della storia, o di esporla semplicemente a una rilettura capziosa, mi ha sempre inquietato. Forse esagero. Ma non troppo.

Giovanni Spadolini, licenziato nel 1972 come direttore del "Corriere" da Giulia Maria Crespi, si presentò e venne eletto come indipendente tra le file del Partito repubblicano nelle elezioni politiche della primavera successiva. La leggenda vuole che Ugo La Malfa avesse proposto il seggio a Indro Montanelli e che questi gli avesse consigliato al suo posto l'ex direttore del "Corriere". Indro rifiutò sempre gli inviti della politica perché, diceva, ne aveva un grande rispetto. Disse no anche a Cossiga che lo voleva nominare senatore a vita. E riconosceva invece nel suo amico Giovanni Spadolini una predisposizione naturale, iscritta nel suo destino di studioso e interprete del Risorgimento italiano. E poi lo vedeva bene "salire con l'agilità di una mongolfiera" le scale dei palazzi del potere. Spadolini, anche da presidente del consiglio, non smise mai di farsi chiamare direttore. Era proprio l'esercizio del potere ad appassionare un bulimico come lui.

Sono stato condizionato nel mio rapporto con la politica non solo dalla constatazione della mia impreparazione, ma anche dallo struggente senso d'inutilità che colse, a diverso titolo, molti miei collaboratori tentati dalla politica. Non dimenticherò mai le telefonate nostalgiche di Claudio Magris, eletto nel 1994 in una lista civica sostenuta da forze di centrosinistra. Non poteva scrivere sul giornale per una regola che lui rispettò, altri un po' meno. Quel senso di solitudine trasmesso con ansia agli amici nei mesi in cui si acuiva il dolore per le condizioni di salute della moglie Marisa. E sono indelebili le immagini di Corrado Stajano – che ripone deluso le sue cose negli scatoloni e dice addio al parlamento nel quale era entrato come indipendente con il PDS nel 1994 – immortalate nel film *Aprile* di Nanni Moretti. Ho ancora negli occhi l'entusiasmo per le candidature, nel PD e in Scelta civica, di Pietro Ichino, stemperato dopo pochi mesi dalla voglia di tornare a essere un commentatore e un editorialista del "Corriere". Saverio Vertone finì, insieme a Lucio Colletti, nelle file parlamentari di Forza Italia. Se ne pentì e infatti confluì nel gruppo misto. Mi disse che avrebbe voluto continuare a essere una voce libera. L'ultima volta che lo vidi fu a una riunione dell'Aspen Institute, organizzata proprio al "Corriere", e non dimenticherò mai la sua emozione per essere tornato, in un certo modo, a casa. Vertone morirà il 30 giugno 2011.

In occasione delle elezioni del 2013, l'allora segretario del PD e candidato premier Pierluigi Bersani propose a Massimo Mucchetti di candidarsi al senato. Massimo me ne parlò e io lo sconsigliai vivamente. Avemmo anche uno scambio di opinioni sul giornale. Lui che spiegava le ragioni della sua scelta, io che gli comunicavo tutto il mio dissenso. Lo stesso Bersani mi chiamò per annunciarmi la proposta. Fu cordiale, come sempre. Io tenni, ovviamente, la posizione. Certo, lo scenario politico cui pensavano sia Bersani sia Mucchetti non si avverò. Che cosa mi preoccupava in quel frangente? Di sicuro, la perdita di uno straordinario giornalista e commentatore d'economia. E il fastidio di dover dare un po' ragione a Sergio Marchionne e a John Elkann che avevano, fino ad allora, mal sopportato le critiche di Mucchetti alle scelte FIAT, intravedendone finalità extragiornalistiche. Un giorno io e Mucchetti andammo a pranzo con Marchionne a Torino, al Lingotto. Ci accompagnò il capo ufficio stampa della FIAT, una persona dai modi squisiti e di grande professionalità come Simone Migliarino. Marchionne disse a Mucchetti: "Ho contato i pezzi che ha scritto contro di me sul 'Corriere', sono quarantaquattro." Imbarazzo generale, rotto dalla risata di Marchionne che poi accettò anche di farsi intervistare. La difesa delle opinioni di Mucchetti, che è stato un analista corretto e spietato, mi è costata molto nel rapporto con l'azionista torinese. Forse, persino la rottura definitiva. Il suo impegno in politica, ammetto, mi spiazzava un po'. Per il ragionamento fatto all'inizio di questo capitolo: tutto viene riletto in chiave strumentale. Non si sfugge.

In quella stessa campagna elettorale, Matteo Renzi, che era ancora soltanto il sindaco di Firenze, spinse molto perché si candidasse, sempre nelle fila del PD, Beppe Severgnini. La tentazione anche in questo caso fu forte, ma alla fine, con mio grande sollievo, Beppe disse di no. Fu durissima convincerlo. Credo che la moglie la pensasse come me. Se si fosse candidato anche lui, avrei avuto in lista in Lombardia due dei miei migliori opinionisti: Mucchetti e Severgnini. Per lo stesso partito. Imbarazzante.

L'ipotesi di una mia candidatura a sindaco di Milano emerse per la prima volta nell'estate del 2003, appena lasciata la direzione del "Corriere". All'inizio come semplice chiacchiera e poi, via via, con un'insistenza maggiore. Il primo a parlarmene esplicitamente, venendomi a trovare nel mio ufficio di amministratore delegato della RCS Libri, in via Mecenate, fu Gianni Cervetti. Poi fu la volta dell'allora sovrintendente della Scala, Carlo Fontana. Lo stesso Albertini – che ritengo sia stato un ottimo sindaco, specialmente nel primo mandato – me ne parlò più volte. Poi, avvicinandosi le amministrative del 2006, la possibilità si fece più concreta. Furono numerosi gli incontri, anche con gli esponenti milanesi e lombardi dell'Ulivo.

Nonostante io dicessi a tutti che avrei visto di buon occhio una lista civica di centro, semmai appoggiata dal centrosinistra, ma che mi sarei sentito fortemente a disagio come candidato di un partito verso il quale non avevo mai fatto mancare le mie critiche. Mi chiamò a un certo punto Romano Prodi, candidato dell'Unione alle elezioni politiche del 2006. Poi toccò a Francesco Rutelli. A tutti dissi di no, ma non fu facile. Le pressioni di molti amici milanesi erano insistenti. Io all'epoca ero direttore del "Sole 24 Ore" e mai e poi mai avrei lasciato l'incarico dopo un tempo così breve.

Pochi giorni dopo il mio ultimo no, la scelta cadde sull'allora prefetto di Milano, Bruno Ferrante che correttamente si dimise subito dall'incarico e affrontò una difficile campagna elettorale con un Berlusconi tutt'altro che sconfitto e in grado di trascinare i consensi per Letizia Moratti, che infatti prevalse al primo turno. Credo che a Letizia Moratti vada riconosciuto il merito di aver portato l'Expo a Milano, con un sacrificio personale e famigliare. Perse con Giuliano Pisapia le elezioni del 2011 scontando l'indebolimento del peso specifico di Berlusconi nel suo anno peggiore. Penalizzata, dunque, dallo stesso fattore che cinque anni prima l'aveva largamente premiata.

Un episodio di quella campagna elettorale lo vorrei ricordare. Dopo un nostro incontro per il memoriale della Shoah, di cui sono presidente (va dato atto a Letizia di essere stata sempre sensibile al tema della memoria), il sindaco mi chiese di parlarmi in privato. E, con mia grande sorpresa, estrasse da una cartellina la fotocopia di una sentenza. La pronuncia della corte d'assise di Milano nella quale il suo rivale Pisapia era condannato per furto. Rimasi un po' scosso. Le dissi che avrei verificato e che, se ci fosse stata una notizia, il "Corriere" l'avrebbe pubblicata. In caso contrario no. Tornato in redazione affidai la verifica ai cronisti giudiziari Luigi Ferrarella e Giuseppe Guastella. Pisapia, nonostante il reato fosse estinto per amnistia, aveva presentato appello ed era stato assolto "per non aver commesso il fatto". Lo spiegai al telefono alla Moratti, la quale non paga della mia argomentazione mi mandò un suo giovane avvocato, del tutto convinto che la storia si esaurisse con la prima sentenza. E piuttosto irritato per una chiusura della quale non coglieva il senso. Non ne facemmo nulla, ovvio. Ma Letizia, evidentemente consigliata male, si giocò la sciagurata carta dello sfidante condannato per furto nell'ultimo intervento del confronto ospitato su SKY TG24, quando l'altro aveva ormai perduto il diritto di replica. Una grave caduta. E una caduta parimenti grave l'avremmo potuta compiere noi, sia pubblicando una notizia non vera sia scartandola se fosse stata vera. L'alternativa del diavolo.

Una possibilità di essere candidato sindaco è emersa anche in occasione delle elezioni 2016. Su sollecitazione soprattutto di Giuliano Pisapia. Non ci ho pensato molto e ho subito rifiutato. Fra l'altro sarebbe stata curiosa la vicinanza con Renzi, seppure in salsa milanese. Forse del tutto inspiegabile, viste le opinioni da me espresse sul presidente del consiglio. Era comunque già chiaro, in quel settembre del 2015, che il candidato del centrosinistra sarebbe stato Giuseppe Sala che ha condotto un'ottima campagna elettorale, incalzato da Stefano Parisi, il quale meriterebbe da parte del centrodestra maggiore rispetto e considerazione.

I volti del potere

C'era una volta Mediobanca, segretezza e sobrietà

"Parla Cuccia." La voce al telefono del presidente onorario di Mediobanca era stentorea. Giovanile. Aprile del 1999. Un anno prima della sua scomparsa, che avverrà il 23 giugno 2000. Il mio numero gliel'aveva dato Cesare Romiti, allora presidente della RCS. Ma mai e poi mai avrei pensato che mi chiamasse direttamente sul telefonino, senza passaggi di segreteria. Indro Montanelli avrebbe compiuto 90 anni il 22 aprile. Cuccia era poco più anziano di lui. Sarebbe stato bello pubblicare sul giornale di quel giorno, tra i tanti messaggi (da Giovanni Paolo II a Maria José di Savoia, a Mike Bongiorno) anche l'augurio dell'espressione massima di un potere forte in Italia. Un pontefice laico. Tra Cuccia e Montanelli c'era un rapporto consolidato nel tempo. Non sempre sereno. Anzi, a volte burrascoso. Ricordo quando Indro mi raccontò di un incontro riparatore dopo che sulla "Voce" il patron di Mediobanca era stato raffigurato, in una copertina fotografica a opera di Vittorio Corona (padre del purtroppo più celebre Fabrizio), come un Dracula sanguinario. "Mi sentii davanti a lui come il più miserabile dei pentiti al cospetto di Totò Riina," disse Indro divertito dall'essersi "cosparso il capo di cenere davanti a un grande capo."

Due giorni prima di Indro compiva gli anni, ma soltanto cinquanta, Massimo D'Alema che allora era presidente del consiglio. Invitò me e Indro a colazione a palazzo Chigi. Ci arrivammo noleggiando un aereo privato per far fare a Indro meno fatica. Allora ce lo si poteva permettere (forse). Oggi quella spesa farebbe venire l'orticaria a Cairo. Erano presenti al pranzo i suoi più diretti collaboratori, in particolare Fabrizio Rondolino e Claudio Velardi, che stento a riconoscere oggi, per le loro idee, come le stesse persone schierate allora a difesa arcigna del loro capo. Vagheggiavano, addirittura, la costituzione di un partito personale di D'Alema. Una colazione con chiacchiere sparse. D'Alema anche simpatico. Indro disse al padrone di casa che a palazzo Chigi la tradizione era rispettata: si continuava a mangiare male.

Poche settimane prima, a Milano al ristorante dell'hotel Diana Majestic si era svolta una sorta di pranzo della pace con D'Alema, allora accompagnato da Pasquale Cascella. Insieme a me c'erano Carlo Verdelli e Antonio Di Rosa. Con D'Alema, quando era segretario del Partito democratico della sinistra, c'era stata una lunga diatriba giudiziaria, scaturita da alcuni articoli di Francesco Verderami sulla possibilità che nascesse un sindacato unico. Sergio Cofferati, segretario della CGIL, temeva il progetto dalemiano. Le polemiche furono infinite. Io e D'Alema non ci parlammo per mesi. La causa venne ritirata nel momento in cui D'Alema, succedendo a Prodi, andò a palazzo Chigi. Io, Verderami e Felice Saulino eravamo già stati assolti dall'Ordine dei giornalisti al quale il collega D'Alema si era rivolto. Era presente al pranzo della pace anche Indro Montanelli che abitava poco distante in una casa che gli era stata amorevolmente arredata dalla sua compagna Marisa Rivolta.

Torniamo alla telefonata di Cuccia. Risposi con una certa emozione. Gli chiesi se gli avrebbe fatto piacere rivolgere il suo personale augurio a Indro. "Quanto le serve?" andò per le spicce. Io replicai d'istinto che sarebbero bastate tre o quattro righe, che non volevo che si disturbasse oltremodo. L'indomani, quando ricevetti una busta recapitatami a mano dal fattorino di Mediobanca, mi diedi del cretino. Cuccia aveva scritto tre righe e mezzo. Laconico. Essenziale, ma avrei potuto chiedergli di più. Non certo un'intervista. Non ne diede, e forse fece male. La memoria va coltivata per tempo. Se la si lascia incustodita succede di tutto. Apre, dopo la morte, un vuoto che viene riempito, spesso male, dagli altri. Cuccia godrà però di buoni biografi. In particolare Giorgio La Malfa (*Cuccia e il segreto di Mediobanca*, Feltrinelli, 2014) e Sandro Gerbi (*Mattioli e Cuccia*, Einaudi, 2011). Ma la riservatezza è sul piano della storia un'arma a doppio taglio.

Cuccia era una leggenda. Inarrivabile. Impenetrabile nei suoi pensieri, nei suoi sguardi. Ma quando lo incontrai la prima volta, nella primavera del 1997, mi sembrò una persona totalmente diversa. Affabile, dolce, sorridente. All'incontro era presente Vincenzo Maranghi, amministratore delegato di Mediobanca, un burbero ex giornalista. Aveva esordito al "Sole 24 Ore" ma non gli piaceva che lo si ricordasse. Un uomo di qualità e di carattere. Se ne andò dalla banca senza alcuna buonuscita. Il giorno dell'addio, alla fine di aprile del 2003, il cortile del palazzo di via Filodrammatici, oggi piazzetta Cuccia, era pieno di collaboratori, molti commossi. Maranghi morirà nel 2007. So che gli dispiacque molto – me lo ha confidato il figlio Piero – un mio articolo del 10 dicembre 2002 sulle scelte di Mediobanca nel caso FIAT (l'ipotesi di sostituire Fresco e Galateri con Gabetti e Bondi). Il commento, critico con i principali azionisti del giornale, si intitolava *Colpi e contraccolpi*. Rileggendolo, dopo tanti anni, credo che Maranghi qualche ragione l'avesse. Alla messa di suffragio in Santa Maria delle Grazie fu impedito, per sua disposizione, l'ingresso ad alcune persone, tra cui Salvatore Ligresti. Per dire del carattere.

All'incontro con Cuccia e Maranghi partecipava anche Maurizio Romiti, figlio di Cesare, che allora lavorava in Mediobanca e dopo sarebbe diventato amministratore delegato della stessa RCS. Mediobanca era il principale azionista della Rizzoli-Corriere della Sera. In quell'occasione fui ufficialmente designato, per la prima volta, alla direzione, al posto di Paolo Mieli che aveva deciso, prematuramente e generosamente, di lasciarmi la guida del giornale. Cuccia mi fece un po' di domande, s'informò sulla procedura, chiese in particolare se il gradimento della redazione fosse vincolante. Io rimasi colpito dalle espressioni del suo volto. Il sorriso persino fanciullesco. La camicia con il taschino laterale pieno di penne e matite, quasi fosse un artigiano. Com'era distante dalla raffigurazione ricorrente del banchiere algido e per certi versi crudele. Maranghi, invece, mentre eravamo tutti seduti intorno al tavolo del consiglio, presente anche Claudio Calabi, mi impose una goffa recitazione del mio curriculum. Sono stato spesso in quella sala che conserva il grande fascino, persino sinistro, di un luogo esclusivo del potere. Anche se oggi quel potere è quasi svanito. Sbriciolato nella perdita di peso specifico delle partecipazioni della banca d'affari milanese, sconfitta anche, nell'OPS RCS, da Urbano Cairo. Cuccia, lettore appassionato e accanito, diceva che lui i giornali li comprava soltanto in edicola (e ne comprava parecchi), ma non credo che avrebbe mai rinunciato ad essere azionista rilevante del "Corriere".

Oggi nella sala del consiglio di Mediobanca, c'è una bella fotografia di Cuccia – che contribuii a selezionare nell'archivio del "Corriere" – accanto a quella di un altro straordinario banchiere, Francesco Cingano, che successe ad Antonio Maccanico alla presidenza di Mediobanca, e dello stesso Maranghi. Con Cingano ebbi molti amichevoli, e per me istruttivi, incontri. Aveva trascorso quasi tutta la sua vita alla Banca Commerciale nella quale era entrato, come Raffaele Mattioli, giovanissimo. Dalla COMIT di Mattioli era uscito lo stesso Cuccia. Cingano sapeva – ed era questa una particolarità dell'establishment dell'epoca – raccontare i fatti del potere con leggerezza e ironia. Senza magari svelare nulla di particolare, ma chiarendo le origini di certi fenomeni. Sottolineava l'importanza della qualità delle persone, della loro moralità, di quanto fosse essenziale la psicologia dei personaggi nello sviluppo delle più importanti questioni finanziarie. Un giorno mi confidò tutta la sua delusione personale per il fatto che l'amico Giorgio La Malfa, che a Mediobanca era di casa, avesse appoggiato il governo Berlusconi. Cingano era per cultura ed educazione assai lontano dal centrodestra berlusconiano. Votava repubblicano e la scelta di La Malfa lo disorientava. Anche Cuccia non aveva stima del Cavaliere, allora ancora tale. Non credeva, sbagliando, nel suo futuro. Non gli diede credito nel momento più difficile della prima quotazione di Mediaset nel 1996. Solo la Banca di Roma di Cesare Geronzi aprì alla Fininvest, molto indebitata.

Il mondo di Mediobanca poteva apparire l'espressione meno compassionevole del potere. Chiuso. Esclusivo. Incarnava molti difetti, per esempio quello di alcuni capitalisti privati (FIAT in testa) con pochi capitali che, grazie alla genialità di Cuccia, si sorreggevano a vicenda, sotto le ali di un grande demiurgo che, quando fallivano (ad esempio Ferruzzi), non faceva loro sconti. Il credito affluiva grazie alle tre banche d'interesse nazionale controllate dall'IRI.

Mediobanca era un "centauro" metà pubblico, metà privato. Una sintesi miracolosa. Un ibrido che si reggeva solo grazie alla qualità del suo gruppo dirigente. Gente che non solo sapeva di banca ma aveva letto qualche libro. Che sentiva sulla propria pelle le ferite della guerra, le privazioni della libertà. Comunque, con un'idea del paese, con un senso di responsabilità nazionale, come li aveva Adolfo Tino, banchiere, antifascista e anche lui giornalista. Come Cuccia (collaborò al "Messaggero") e Maranghi. Cuccia non visitò mai una fabbrica. Era un uomo sopravvissuto al suo tempo. Ma d'inarrivabile cultura e raffinata eleganza. Quel sistema fece argine all'invadenza dei partiti, difese le ragioni della proprietà privata in anni di guerra fredda e di tendenza collettivista. Si oppose alle infiltrazioni della loggia massonica P2 di Licio Gelli (che aveva portato uno dei suoi adepti, Gaetano Stammati, alla presidenza della COMIT). Non privo di difetti, per esempio la conferma di una tendenza tutta italiana al nepotismo: i figli Romiti, Braggiotti e Rondelli trovarono posto in Mediobanca.

Come presidente di Mediobanca, Cesare Geronzi mi diede due interviste che fecero rumore. Pubblicate sul "Sole 24 Ore", di cui ero direttore. Non prive di cenni critici nei confronti dei suoi più stretti collaboratori: Renato Pagliaro e Alberto Nagel, oggi rispettivamente presidente e amministratore delegato. Con Geronzi il rapporto è sempre stato corretto. Sincero. Anche quando avevamo posizioni differenti. Consigliai io al suo collaboratore Luigi Vianello di rivolgersi a Massimo Mucchetti per scrivere un libro che non sembrasse un'autocelebrazione. E, infatti, *Confiteor* (Feltrinelli, 2012) è un dialogo sincero, a tratti aspro, tra un grande giornalista e un grande banchiere che non è mai entrato, nemmeno da coautore, tra le preferenze del primo.

Tornai al "Corriere" il 10 aprile del 2009. L'ultima domenica di marzo mi telefonò Giovanni Bazoli. Io ero a casa di mia madre, in via Francesco Sforza. L'8 marzo avevo appena rifiutato la proposta di diventare presidente della RAI. E Bazoli mi propose di riprendere la direzione lasciata nel giugno del 2003. L'emozione fu indescrivibile. Giorni dopo volle vedermi e venne lui a casa mia, in via Donatello, nonostante gli avessi detto (e ci sarebbe mancato altro) che sarei stato disposto a recarmi ovunque per incontrarlo. Bazoli fu come sempre gentile e preciso nel descrivere la situazione che lo aveva portato a quella scelta, condivisa con Geronzi, che era peraltro il primo azionista di via Solferino. Vidi Geronzi il lunedì successivo in Mediobanca. Una lunga chiacchierata nella quale insistetti perché Mieli rimanesse a scrivere sul "Corriere". Geronzi all'inizio si disse contrario. Poi si convinse. Dopo il colloquio ci avvertirono che qualche collega aspettava nella piazzetta Cuccia. La voce si era già diffusa. Imboccammo il tunnel segreto che passa sotto via Filodrammatici e sbuca nel foyer dell'omonimo teatro, proprio a ridosso della Scala. Uscimmo, io e Geronzi, indisturbati, confondendoci in mezzo a una piccola folla di turisti primaverili. E ci salutammo nella piazza.

La sublime ambiguità del potere torinese

L'ultima volta che vidi l'Avvocato era la fine del 2002. Si sapeva da tempo della malattia che lo aveva colpito e del fatto che le speranze fossero ridotte al minimo. L'incontro con Giovanni Agnelli avvenne a Villa Frescot, sulla collina torinese. Mi accompagnò Sandro Casazza che allora seguiva, con discrezione e professionalità, la sua comunicazione. Aspettai in una piccola stanza con poche sedie di vimini e motivi floreali alle pareti. Di eleganza discreta, nulla più. Incrociai Gianluigi Gabetti che gli aveva appena parlato. Lo sguardo di uno dei più stretti collaboratori non tradì nulla della preoccupazione per la salute dell'Avvocato. Gabetti sembrava reduce da un incontro di lavoro qualsiasi. Normalità. Poche gentili parole di circostanza. Era lo stile della casa. Forse un po' troppo formale ma di apprezzabile understatement. "Io e l'Avvocato," ricorda Gabetti, "ci siamo dati sempre del lei. Una volta mi propose di passare al tu. Io ci pensai un attimo e poi gli risposi: se fossimo più vicini, io non le sarei più utile."

L'Avvocato era a letto, vestiva una camicia bianca aperta e vaporosa come se si fosse preoccupato, anche in quell'occasione, di non smentire il mito della sua eleganza. Sul comodino un bicchiere con succo di ribes. Il viso era gonfio, ma la voce non ne risentiva. La conversazione avvenne, per una ventina di minuti, come tante altre che avevamo avuto al Lingotto o in altri luoghi. Con le sue domande, le sue curiosità, l'irrefrenabile tendenza a cambiare all'improvviso argomento di conversazione. La sua voglia di vivere annoiandosi ancora un po'. Mi chiese, a un certo punto, di riprendere al "Corriere" Gianni Riotta che da nostro corrispondente dagli Stati Uniti era passato, qualche anno prima, alla "Stampa" divenendone condirettore. Può sembrare strano, ma quando l'Avvocato decise di proporre a Riotta quell'incarico alla "Stampa" si sentì in obbligo di chiamare il direttore del "Corriere" per chiedergli, diciamo così, il permesso. Anche questo poteva apparire un minuetto, una falsa rappresentazione. Il vero azionista era sempre lui, poteva comunicare semplicemente una decisione. Però io ho sempre pensato che le forme distinguano i proprietari dai padroni. I poteri forti dell'epoca ebbero molti difetti, non certo la scortesia e l'arroganza. Fu quella, ormai in punto di morte, l'unica richiesta vera dell'Avvocato negli anni della mia prima direzione del "Corriere". Quasi come un favore personale. Riotta tornò a New York e ne fui felice. Il giornale riacquistò una grande firma. Con qualche malumore interno e un paio di lettere d'impegno sulle sedi di corrispondenza che finirono nel cestino.

L'Avvocato sarebbe morto il 24 gennaio del 2003 a 81 anni. I funerali si svolsero, due giorni dopo, nel duomo di Torino. Le esequie furono officiate dal cardinale arcivescovo Severino Poletto che dimenticò di citare fra i presenti, durante una omelia di rara modestia, il presidente del consiglio Silvio Berlusconi, arrivato peraltro in ritardo. Il cardinale si scusò alla fine. Io assistetti alla cerimonia accanto a Cesare Romiti che rimase in piedi per tutto il tempo. Faceva un certo effetto vederlo così statuario, immobile. Mi venne anche la tentazione di chiedergli: "Perché non si siede, dottore?" Dietro di lui c'erano Paolo Fresco e la moglie Marlene che, a un certo punto, indispettita, disse: "Sit down". Inascoltata. Spiegherà Romiti che lui e l'Avvocato facevano così. E che quella era una forma di rispetto, di estremo saluto. Come se fra i due ci fosse una sorta di codice militare non scritto. Alcuni la giudicarono una forma di esibizionismo. Gli ufficiali di cavalleria – e Agnelli teneva a queste forme – non si sedevano mai, forse lo fanno anche oggi, alle cerimonie religiose, stando in fondo alla chiesa, per non oscurare la visuale degli altri. Romiti invece si ergeva nel mezzo della navata. Ripensandoci, dopo molti anni, credo che quel piccolo episodio dica molto di una generazione non esente – come sappiamo – da difetti e colpe, ma con un senso della disciplina radicato e una memoria familiare, ancora viva, di guerre e sofferenze. Racconterà Romiti, in una intervista sul "Corriere" concessa ad Aldo Cazzullo, di essere andato, una domenica, a trovare l'Avvocato a Villar Perosa. C'era la messa. Partecipava tutta la famiglia. E lui gli chiese di rimanere in piedi insieme a lui, in fondo alla chiesa, però. "Gliene domandai il motivo," spiegò Romiti a Cazzullo, "e l'Avvocato rispose che aveva avuto un'educazione cattolica. E quello era il modo per dimostrare, se non la fede, la fedeltà. Rimanere in piedi al suo funerale era il mio modo di rendergli omaggio." Quale sublime ambiguità. Ecco una chiave per capire psicologia e comportamenti dei poteri forti dell'epoca.

Agnelli fu un editore largamente *sui generis.* I giornali li leggeva, gli piacevano. Era curioso di conoscere i retroscena delle interviste o dei fatti, anche i più tragici. Mi sorprese chiedendomi, dopo la morte della mia collega Maria Grazia Cutuli, avvenuta in Afghanistan il 19 novembre 2001, se fosse vero che lei stesse fumando al momento dell'agguato sulla via per Kabul. Non seppi rispondere. Una volta mi costrinse a una lunga ricerca degli articoli di Benito Mussolini pubblicati sul "Corriere" durante la Repubblica di Salò, poi raggruppati in un volumetto che venne editato "a grande richiesta", in quegli anni, sotto il titolo *Il bastone e la carota.* Altre volte le curiosità erano del tutto personali. "Lei ha presente quella bella attrice con gli occhi verdi… come si chiama? Dalida…" "Dalila, forse?" "Dalila, certo, Di…" "Di Lazzaro, Avvocato?" "Ecco, esattamente." L'impressione era che facesse un po' finta di non ricordarsi il nome e il cognome. L'attrice era preoccupata da un libro di memorie che aveva affidato, incautamente secondo lei, a una mia collega. Non ne sapevo niente e non dovetti far nulla. Renato Pozzetto ricorda le riprese del film di Alberto Lattuada *Oh, Serafina*, tratto dal romanzo di Giuseppe Berto, con protagonisti lui e Dalila Di Lazzaro, uscito nel 1976. "C'era un elicottero che veniva a prendere Dalila sul set..."

Agnelli non fece mai né una telefonata né una pressione sulla posizione che il "Corriere", già con Mieli, aveva avuto contro la candidatura di Roma per le Olimpiadi del 2004. E già Torino si preparava per quelle invernali del 2006 con Evelina Christillin, in perenne fermento. Ebbe un leggero moto di fastidio quando gli comunicai l'ingaggio al "Corriere" di Sergio Romano, che lasciava così dopo molti anni "La Stampa". Una regola non scritta imponeva di rispettare una sorta di non belligeranza fra i due quotidiani cugini. Infranta più volte, peraltro. L'Avvocato ascoltò con pazienza tutte le mie inutili argomentazioni e poi se ne uscì con un saluto a cui ripensai per molto tempo: "Ci vediamo in Piemonte!" Il giornale del suo cuore era e restava "La Stampa". Era un modo di dirlo. L'altro quotidiano, casomai, era una sorta di amante. Ecco un'altra raffinata ambiguità del potere di Agnelli. Non disse no. Ma manifestò con una battuta la sua contrarietà. E non credo gli sarebbe piaciuta l'operazione, peraltro economicamente del tutto giustificata, di unire "La Stampa" e "la Repubblica" sotto le stesse insegne, di affidarsi al suo rivale di sempre, Carlo De Benedetti. Consegnarsi al mondo dell'"Espresso" e di "Repubblica" che per l'"Avvocato di panna montata" non aveva avuto, certamente dal suo punto di vista, particolari riguardi. Commisi una gaffe imperdonabile nell'estate del 1997, quando a Silvaplana in Engadina incontrai casualmente Silvia De Benedetti. Lei e Carlo mi invitarono a cena. Lo stesso giorno ricevetti una telefonata da casa Agnelli: "Le passo l'Avvocato." Che era a Sankt Moritz. "So da De Benedetti – cioè dall'editore concorrente – che lei è qui, verrebbe a prendere un aperitivo, visto che a cena è già impegnato?" Sottile e punitiva perfidia del potere. Avrei voluto morire all'istante.

Trovo che di Agnelli si sia parlato troppo bene in vita e troppo male in morte. Idolatrato come un monarca da una stampa (noi compresi) che ha chiuso molti occhi sul profluvio di finanziamenti pubblici, sul freno oggettivo che una grande impresa automobilistica ha avuto sullo sviluppo di altre forme di trasporto, su alcuni vizi del potere torinese. Oggi prevalgono soprattutto i toni negativi. In un revisionismo eccessivo, tipico di un paese che abiura in fretta i suoi modelli. Si dimentica che, come Cuccia e Mediobanca, quella FIAT di Agnelli e Romiti comunque aveva un senso di responsabilità verso il paese. Se ne sentiva, bene o male, parte. Non se ne andò di fronte alla minaccia del terrorismo o dei sequestri. Grazie al coraggio di Romiti la spirale del potere sindacale fu spezzata con la marcia dei 40 mila (ma erano molti di meno) del 14 ottobre 1980. Nel paese occidentale con il più forte e organizzato partito comunista.

Ho avuto un ottimo rapporto con Giovannino Agnelli, figlio di Umberto, morto di tumore nel '97 a 33 anni. Ci vedemmo più volte, in particolare a Pontedera, quand'era presidente della Piaggio. Una persona amabile, di grande intelligenza e discrezione. Era l'erede designato dell'Avvocato. Mi rammarico, invece – ma la colpa è forse anche mia – di non essere riuscito ad avere un dialogo ugualmente intenso e franco con John Elkann, nonostante la paziente opera di mediazione di Andrea Ceccherini, presidente dell'Osservatorio permanente giovani-editori. Le incomprensioni, nel corso della mia seconda direzione del "Corriere", sono state numerose. Io mi sono sempre opposto alla fusione, o a qualcosa di simile, con la "Stampa", alla vendita del palazzo di via Solferino, alla cattiva gestione manageriale del gruppo RCS. Qualche screzio si era avuto anche durante la mia direzione del "Sole 24 Ore", quando pubblicai una lettera della madre Margherita sullo spinoso tema dell'eredità paterna. Non gradita. Ma come potevo non pubblicare una lettera della figlia dell'Avvocato che peraltro affrontava un tema di cui, in quei giorni, tutti discutevano? Il saggio Gianluigi Gabetti un giorno mi ha rivelato: "Lei è stato tradito da una passeggiata sul lago di Como." "Una passeggiata? E con chi?" "Con Margherita Agnelli." Ci pensai un attimo. Sì, era vero. Durante un forum Ambrosetti, Rosanna D'Antona mi chiese di fare due chiacchiere con Margherita Agnelli, di cui curava le relazioni pubbliche. Durante il coffee break, a Villa d'Este, facemmo due passi. Una passeggiata sul lago che forse lasciava intendere una mia personale vicinanza, che in realtà non c'è mai stata, alle posizioni, in materia testamentaria, della figlia dell'Avvocato. Semplice cortesia. Sia Gabetti sia Franzo Grande Stevens sono stati messi da parte dalla nuova gestione torinese. Inevitabile con l'età. Ingiusto, visti i meriti dei due. Inelegante nei modi. Cambiando nome in FCA, non si è perso solo l'acronimo FIAT, si è perso anche un po' di stile.

I conflitti con (e del) Cavaliere, avvocaticchi e altre storie

"Salutami il direttore del 'Manifesto'," disse all'improvviso Silvio Berlusconi a Cesare Romiti. Questa frase è diventata a suo modo celebre, a dimostrazione dei cattivi rapporti – ed erano veramente tali – tra il capo del governo e il direttore del "Corriere", ai suoi occhi così a sinistra da non essere poi tanto diverso dal "Manifesto". Eravamo nel 2002. Lo scambio avvenne durante un incontro con Silvio Berlusconi, del tutto casuale, mentre io e Romiti, all'epoca presidente di RCS, ci avviavamo a prendere un elicottero che ci avrebbe portati a San Giuliano di Puglia, nel Molise. In quella zona, un violento terremoto, tra il 31 ottobre e il 2 novembre di quell'anno, causò l'immane tragedia del crollo di una scuola con la morte di 27 bambini e della loro maestra. Anche in quella occasione, il "Corriere" mobilitò la straordinaria macchina di solidarietà di *Un aiuto subito*, sperimentata per la prima volta nel 1997 in collaborazione con il TG5, allora diretto da Enrico Mentana. Oggi assai rodata nel trasformare in soccorsi immediati e ricostruzioni efficaci la grande partecipazione di lettori e telespettatori.

I rapporti con Berlusconi sono sempre stati difficili, anche se ho memoria di incontri piacevoli e di straordinarie gentilezze da parte sua. Il Cavaliere non si arrese mai all'idea che un giornale liberale non stesse, per definizione, dalla sua parte. Soprattutto nella Milano e nella Lombardia che lo votavano in massa. Per fortuna del paese, ciò non è mai avvenuto. Il "Corriere", con tutte le sue direzioni, ha svolto correttamente il mestiere di quotidiano d'informazione. Ha giudicato Berlusconi per le sue scelte, senza demonizzarlo chiamandolo il "cavaliere nero" e mettendogli in testa un fez. All'inizio però l'impronta liberale era indiscutibile. Anche grazie alla saggezza di intellettuali come Giuliano Urbani o Paolo Del Debbio. Gli editorialisti del "Corriere" Lucio Colletti e Saverio Vertone furono portati in parlamento da Forza Italia. Venne corteggiato a lungo anche un altro grande commentatore come Angelo Panebianco. Ma era innegabile anche l'enorme conflitto d'interessi che la presenza del Cavaliere stagliava sulla fragile democrazia italiana, ancora scossa dalle inchieste di Mani pulite. Un macigno che sfuggiva agli occhi della borghesia lombarda che sentiva il fascino di un imprenditore autenticamente meneghino, nella parlata e nella generosità dei gesti. Ricordo il clamore che suscitò Bernardo Caprotti quando, alla prima cena di finanziamento di Forza Italia a Milano, aprì la lista dei donatori, scrivendo su un foglietto il suo importo: 200 milioni di lire! Altri si adeguarono, pur con cifre inferiori, altri fecero finta di niente, altri andarono urgentemente in bagno. Berlusconi ebbe il merito di rappresentare in politica anche categorie che nella prima repubblica si erano sentite emarginate da partiti e sindacati: lavoratori autonomi, piccoli imprenditori. Ma i conflitti d'interesse e le contraddizioni della sua gestione del potere erano lampanti. E furono puntualmente ricordati da diversi editorialisti. Enzo Biagi fu oggetto di continui attacchi per le cose che scriveva sul "Corriere" e per le sue trasmissioni televisive fino all'inqualificabile editto bulgaro con la successiva espulsione dalla RAI. Anche Indro Montanelli, che lo aveva avuto a lungo come editore al "Giornale", prima del clamoroso divorzio nel gennaio del 1994, dedicò alle contraddizioni del Cavaliere in politica interventi di rara lucidità. Ma mai il "Corriere" negò la legittimità a governare, e la conseguente responsabilità, a chi era stato liberamente eletto dai suoi concittadini. E seppe riconoscerne i meriti. Quando nel 2011 perse non solo la maggioranza ma anche la lucidità di guardare in faccia la realtà del paese, la critica fu puntuale e costruttiva.

Le notizie erano notizie. E andavano pubblicate. Verificate e pubblicate sempre. A cominciare da quella più celebre: l'invito a comparire del 22 novembre 1994. Lo scoop di Goffredo Buccini e di Gianluca Di Feo. All'epoca il direttore era Mieli. Io ero il suo vice. La sera del 16 giugno del 2009, nei primi mesi della mia seconda direzione del "Corriere", telefonai, era ormai quasi mezzanotte, a Gianni Letta, il quale rispose subito con la consueta cortesia. "Caro Gianni, devo avvertirti che domani troverai sulla prima pagina del 'Corriere' la storia di Patrizia D'Addario. Sostiene di aver passato una notte a palazzo Grazioli con il presidente." Dall'altro capo del filo, solo un "Grazie". Buonanotte. Lo scoop, uno dei tanti, era di Fiorenza Sarzanini. Una garanzia di accuratezza. Ma non fu facile la scelta di pubblicare l'articolo. Poteva trattarsi di una mitomane, anche se aveva tenuto traccia meticolosa del suo incontro. Il mio avvocato Caterina Malavenda all'inizio sconsigliò la pubblicazione. Non ebbi nessun dubbio, però, quando mi dissero che Patrizia D'Addario era stata candidata a Bari in una lista collegata al Popolo delle Libertà. "Una mitomane? Ma allora perché l'avevate messa in lista?" Era la giustificazione che mi ero preparato per il mattino dopo, che sarebbe servita assai poco se la storia non fosse stata vera. Ma per fortuna nostra, non del paese, era tutto vero.

Il 9 settembre 2009 il "Corriere" pubblicò in esclusiva, sempre con la firma di Fiorenza Sarzanini, i verbali di Gianpaolo Tarantini che nel luglio precedente aveva ammesso di essere stato l'organizzatore delle feste di Silvio Berlusconi a palazzo Grazioli, cui partecipò la stessa D'Addario. Il Cavaliere era consapevole di trovarsi di fronte a ragazze reclutate in cambio di un compenso. Questo era lo snodo importante della testimonianza di Tarantini. Raccontò che ognuna di loro riceveva mille euro se accettava di rimanere la notte. Ricostruiva tutti i viaggi organizzati con destinazione Roma e Villa Certosa in Sardegna. Parlava di una "scuderia" di venti giovani donne, tra cui Patrizia D'Addario e Barbara Montereale, assidue frequentatrici, pagate anche se non accettavano rapporti sessuali. E questo smentiva il fatto che lui pensasse di avere a che fare con persone del tutto disinteressate al denaro, presenti solo per l'irresistibile fascino del potere o personale del premier.

Le polemiche dopo la pubblicazione di questo secondo scoop furono feroci. Persino scomposte. "Spioni." "Invasori del privato." "Moralisti un tanto al chilo." E così via. Non c'era alcun giudizio morale nei nostri articoli. La vita privata di un premier è ovviamente più ridotta di quella di un normale cittadino. La Storia è costellata di avventure, tradimenti, amori clandestini anche di ottimi capi di stato o di governo. La rilevanza pubblica sta tutta nel sapere se ciò condiziona, al limite del ricatto, l'esercizio della funzione pubblica, la bontà delle scelte istituzionali. Per i magistrati che indagavano, la disponibilità delle ragazze di palazzo Grazioli era la contropartita per l'aiuto concesso a Tarantini nell'ottenere appalti pubblici. In particolare con Finmeccanica e la Protezione civile. Berlusconi aveva contattato Guido Bertolaso – che allora dirigeva con indubbi buoni risultati la Protezione civile – affinché incontrasse proprio Tarantini. Non c'era dunque il gusto illiberale di giudici e giornalisti di guardare sotto le lenzuola del premier, in un'inaccettabile deriva voyeuristica. Ovvero di "spiare nel lettone di Putin", come lo chiamava il Cavaliere, definito con precisione giuridica, dal suo avvocato Niccolò Ghedini, "l'utilizzatore finale". La pubblicazione dei verbali di Tarantini avvenne nel giorno in cui prendeva servizio a Bari il nuovo procuratore della Repubblica Antonio Laudati, che la prese male. Ordinò una perquisizione della redazione di Bari (caporedattore era Maddalena Tulanti) del "Corriere del Mezzogiorno", diretto da Marco De Marco. Scatenò indagini mirate su tutti i giornalisti che si occupavano della vicenda, pedinamenti compresi.

Letta chiamò la sera del 29 giugno 2002 per sapere se avremmo pubblicato il giorno dopo le dichiarazioni di Claudio Scajola, allora ministro dell'Interno, rilasciate a due giornalisti, del "Corriere" e del "Sole", durante una visita ufficiale a Cipro. Il ministro aveva dato del "rompicoglioni" al giurista Marco Biagi – assassinato dalle Brigate rosse il 19 marzo dello stesso anno a Bologna – per la sua "ossessione" di avere una scorta, sempre negata. La mia risposta fu, ovviamente, sì. Il vicedirettore di turno, Carlo Verdelli, aveva già detto che avremmo pubblicato tutto. Mi ero già sentito con Guido Gentili, allora alla testa del "Sole 24 Ore". Era presente con Dino Martirano anche Gerardo Pelosi del "Sole". Letta non chiese altro. Come ha sempre fatto. E del resto ammise, da ex direttore di un giornale, che anche lui si sarebbe comportato allo stesso modo. Prima di Letta aveva chiamato lo stesso Scajola dicendomi che, se non avessi ritirato l'articolo, il giorno dopo si sarebbe dimesso. E, inaspettatamente, Salvatore Ligresti, azionista del gruppo, che mai prima si era fatto vivo per chiedere qualcosa. Anche a lui spiegai che non si poteva fare nulla. Ricorda Dino Martirano che quella notte lo chiamò Roberto Arditti, allora addetto stampa agli Interni. "Dove possiamo trovare una copia del 'Corriere' per il ministro?" Martirano gli diede gli indirizzi delle tipografie di Roma e Milano. "Grazie, mandiamo una volante della polizia." Scajola si dimise il 4 luglio. E, chissà perché, un po' mi dispiacque. Chiesi al suo portavoce Roberto Arditti di incontrarlo e, mesi dopo, facemmo colazione insieme a Roma. Ma non era finita. Il "Corriere" lo fece dimettere una seconda volta. Il 4 maggio 2010, quando era ministro dello Sviluppo economico, per la famosa casa con vista sul Colosseo acquistata "a sua insaputa". Quella volta mi dispiacque molto meno.

Negli anni dei governi Berlusconi i momenti di scontro furono numerosi. Un mio fondo dal titolo *Sgradevoli sensazioni*, pubblicato sul "Corriere" del 31 luglio 2002, attaccava duramente la pratica delle cosiddette leggi *ad personam*, e in particolare la ex Cirami (ex perché anche il primo proponente poi se ne vergognò), sul legittimo sospetto e la remissione del processo, chiedendo al Cavaliere, senza fare nomi, di richiamare i suoi pretoriani. "Tolga ai cittadini la sgradevole sensazione che il parlamento venga usato come un maglio sulla magistratura e mandi in ferie, ne hanno bisogno, quegli onorevoli *avvocaticchi* preoccupati più per i loro onorari che per le sorti del paese." Niccolò Ghedini e Gaetano Pecorella mi fecero causa civile per danni e, da quel momento, cominciai ad avvertire una sorta di isolamento nei miei confronti, non solo dagli ambienti del centrodestra, anche dalla proprietà.

Il termine *avvocaticchi* non andava usato, però. È diffamatorio. E per questo sono stato condannato, anche in appello. La sentenza del 6 maggio 2009 confermava quella del Tribunale di Milano del 22 settembre 2004 che risarciva il danno in ventimila euro da pagare a Ghedini e Pecorella, oltre alla sanzione pecuniaria di cinquemila euro. La corte d'appello riconosceva che tutte le "sgradevoli sensazioni" di cui parlavo erano espresse "in termini di assoluta continenza". L'indecoroso spettacolo in scena al senato in quei giorni, il decadimento del tasso di legalità inevitabile "ogni volta che una legge dà l'impressione di essere stata fatta ad uso immediato di qualcuno e non di tutti". Diffamatoria era solo la frase sugli *avvocaticchi*.

Nella sentenza si parla anche dell'atteggiamento, non raramente assai aggressivo, di Ghedini e Pecorella nei confronti dei miei giornalisti. Gli episodi furono numerosi, ricostruiti dalle testimonianze. Giovanni Bianconi riferiva della telefonata di Pecorella che accusava il "Corriere" di ordire un complotto contro Berlusconi. Luigi Ferrarella: "Pecorella, durante una pausa d'udienza, sfogliava platealmente il 'Corriere della Sera' di quel giorno [siamo nel febbraio del 2003, *N.d.R.*], commentandolo pagina per pagina, e sottolineando come ogni notizia fosse riportata con un taglio tale da risultare negativa per il presidente del consiglio, Silvio Berlusconi, e per il suo governo." E ancora Ferrarella riferiva di una volta in cui Ghedini vedendolo aveva esclamato "Ecco la *disinformatia*". Paolo Biondani, l'11 settembre 2002, aveva ricevuto una telefonata di Pecorella di questo tono: "Sei un bandito, un vero bandito... ti distruggerò... girerò tutta l'Italia fino a quando troverò un giudice che ti rovinerà... sei un bandito vero perché hai scritto un articolo in modo tale da non darmi la possibilità di querelarti. Sappi che d'ora in poi leggerò con la lente d'ingrandimento ogni riga dei tuoi articoli e appena avrò l'occasione ti farò una querela che ti manderà in rovina... ho visto che hai scritto per 'Micromega' e non abbiamo fatto niente, ma adesso basta, d'ora in poi non ti perdono più nulla." Nella sentenza della corte d'appello, si ricorda anche che Ghedini mi scrisse una lettera del seguente tono: "Il giornale da lei diretto [...] ha ormai assunto una linea precisa e incontrovertibile sulle questioni giudiziarie riguardanti l'onorevole Berlusconi." Linea che si sarebbe concretizzata in "una prospettazione degli eventi squisitamente di parte e fortemente critica" – si legge sempre nella sentenza – "mentre gli interventi delle difese non vengono usualmente riportati e, quando accade, sono del tutto sminuiti". In realtà ogni replica dei difensori di Berlusconi, o dei membri del suo governo, sollecitata da palazzo Chigi, venne pubblicata. Ne ricordo una fluviale di Cesare Previti, che si lamentava perché il giornale aveva pubblicato la notizia di una cena riservata fra lui e il giudice Carlo Nordio che era stato incaricato dal governo Berlusconi di riscrivere il codice di procedura penale. La lettera si concludeva con un invito a me per cenare insieme. La lettera lunghissima, la mia risposta breve: "No, grazie". Il destino ha voluto che, in una memoria scritta da Giuliano Pisapia, avvocato di Carlo De Benedetti nella causa SME, Previti venisse indicato come collaboratore del "Corriere". Dunque, non aveva scritto così poco. La lettera di Ghedini era personale, non diretta alla pubblicazione. Se la prendeva con Ferrarella, non con me. Era un invito a intervenire sul cronista giudiziario, lasciando intendere che io avrei potuto essere, come dire "assolto", perdonato. Vecchia tecnica quella di tentare di dividere il direttore dal giornalista. Quante volte mi sono sentito dire: "La querela non è contro di lei, sa..." Ho sempre risposto: "No, quereli anche me." E, infatti, ho ancora un carico di circa centosessanta processi. La lettura della motivazione della sentenza di primo grado, scritta dal giudice Giuseppe Tarantola, rimane un documento prezioso sul ruolo dell'informazione in una democrazia evoluta. Da leggere.

Ho incontrato recentemente Pecorella che da anni ha abbandonato la politica. Non è più in parlamento dal 2013. Prima lasciò Forza Italia per il gruppo misto. Credo che la collaborazione con Ghedini sia finita da tempo. I due si sono persi di vista. La sua opinione sulle leggi *ad personam* oggi è chiara: non andavano fatte. I mali della giustizia dovevano essere affrontati con riforme complessive, di cui non si ebbe il coraggio, non con provvedimenti ritagliati sul destino di un imputato eccellente.

Il 12 febbraio 2003 uscì sul "Corriere" *Le ragioni per dire no*, il mio editoriale con il quale prendevo posizione contro l'imminente guerra in Iraq, a cui l'Italia partecipava come parte della cosiddetta coalizione di volenterosi (*coalition of the willing*). L'isolamento di cui parlavo crebbe. I rapporti con il governo diventarono sempre più freddi e sporadici. Di quell'editoriale non parlai con nessuno, a parte i miei più stretti collaboratori. Forse avrei dovuto avvisare l'editore, gli azionisti. Non lo feci. Ho sempre pensato che è del tutto inutile condividere una posizione con l'editore. Si finisce anche per metterlo in difficoltà. Se i ruoli restano separati, è una garanzia per tutti. Al "Sole 24 Ore", grazie agli ottimi articoli di Gianni Dragoni, avremmo preso, nel 2008, una posizione molto chiara contro la cordata dei patrioti che tentò di strappare al suo destino Alitalia. A quella improbabile compagnia partecipava anche la presidente di Confindustria, Emma Marcegaglia. Visti gli sviluppi e l'enorme quantità di soldi pubblici sprecata per nulla, la posizione del giornale fece bene anche al proprio editore. Quando si fondono i ruoli è peggio per tutti.

Tornando a quel febbraio del 2003, la scelta chiara del "Corriere" fece rumore. Le armi di distruzione di massa di Saddam Hussein non saranno mai trovate. Quella guerra sbagliata scatenerà una serie di conseguenze nefaste, come la creazione del sedicente stato islamico. Le subiamo ancora oggi. Mi ha sempre stupito un particolare. In altri paesi una riflessione seria sugli errori di quell'anno non è mancata. Penso alle discussioni negli Stati Uniti sulle scelte di Bush o nel Regno Unito su quelle di Blair. Da noi no. Silenzio. I tanti entusiasti sostenitori della "guerra giusta" di allora sono semplicemente scomparsi. Dileguati. Ricordo le lunghe conversazioni al telefono, con articolate spiegazioni, avute con Antonio Martino, allora responsabile della Difesa, e con Franco Frattini, che guidava la Farnesina. Mi colpì molto, dopo il mio editoriale, una intervista rilasciata al "Foglio" da Franco Tatò che all'epoca era presidente dell'HDP ovvero della holding del "Corriere". Chiesero all'editore di smentire il direttore sulla questione della guerra. Posizione legittima, per carità. Lentamente, nei mesi successivi, maturai l'idea di lasciare la guida del giornale, convinto di non avere più molti sostegni, nemmeno interni, e persuaso che anche l'editore ormai volesse operare un cambio al vertice. Ma sbagliai. Avrei dovuto resistere di più.

Romiti, Bazoli e il peso delle proprietà

Cesare Romiti è stato, negli anni della mia prima direzione al "Corriere", l'editore di riferimento. Non sono mancate le divergenze, i punti di contrasto. Ma non posso che ringraziarlo per la fiducia – che probabilmente c'era anche quando io ero convinto di averla perduta – e per la libertà. Anche di sbagliare. Romiti non è mai stato, per esempio, un entusiasta sostenitore della moneta unica. Su questo tema ha sempre avuto posizioni eterodosse, più simili a quelle di un consigliere di allora della RCS, Paolo Savona, che fu un accanito – e da me allora mal sopportato – detrattore della linea europeista del "Corriere". E non solo. Savona e La Malfa hanno scritto sul "Corriere" del 27 dicembre 2016 un interessante articolo critico sulla sostenibilità nel tempo dell'euro. Devo dire che se lo avessero pubblicato dieci anni prima sarebbero stati sommersi dalle critiche e anche da un malcelato disprezzo intellettuale. Oggi la loro posizione non è così minoritaria. Ma questo è un guaio. Romiti lavorò per la vittoria, nell'inverno del 2000, della candidatura di Antonio D'Amato al vertice di Confindustria. Il giornale era invece nettamente convinto che alla fine l'avrebbe spuntata Carlo Callieri che era stato messo proprio da Romiti e Agnelli alla guida di RCS, dopo l'acquisto da parte di Gemina nel 1984. La zampata dell'ex presidente del Lingotto contro l'uomo di Torino, ovvero contro parte della sua stessa storia, lasciò il segno. Vinse D'Amato, che Agnelli aveva definito come una sorta di "berluschino", ovvero come il prototipo di una nuova imprenditoria di cui non capiva né la consistenza né il linguaggio. E verso la quale aveva una sorta di insopportabile pregiudizio etnico. Fu la prima dimostrazione della perdita di peso specifico della FIAT all'interno dell'associazione degli imprenditori che poi avrebbe portato, in anni successivi, al divorzio definitivo. Ma fino ad allora la simbiosi era stata pressoché totale. Fu sempre Romiti a rendere possibile l'investitura di Giorgio Fossa, predecessore di D'Amato. Certo, se ne avessimo parlato, se avessi saputo delle sue preferenze, il giornale si sarebbe risparmiato una pessima figura. Le scoprii solo a cose fatte, quando mi snocciolò con soddisfazione i numeri della consultazione interna al mondo confindustriale, non nascondendo più il proprio ruolo di promotore attivo. Ma meglio così, a dimostrazione che tra editore e direttore le idee e i sentieri possono divergere.

Pensando alla figura di Romiti, la mente è affollata di ricordi. Sono così tanti che si confondono, si sovrappongono. Romiti, per esempio, era un grande amico di Claudio Abbado. Un giorno combinò di andare a Ferrara, dove il maestro dirigeva, e di incontrarlo a colazione. Il nostro scopo era quello di convincerlo a tornare alla Scala. Battaglia del "Corriere", nella quale avevo coinvolto anche il presidente della Repubblica Carlo Azeglio Ciampi. Uno sforzo titanico ma inutile che si scontrava con le due inconciliabili personalità dei protagonisti: l'algida distanza di Abbado e la focosa presenza di Riccardo Muti. Un'impresa disperata, noi pedine – Ciampi compreso – di un'interminabile tenzone artistica. Scena e spartito erano loro. Nessuno avrebbe mai accettato l'invito dell'altro.

Mi fa piacere ricordare un invito, nella casa romana di Romiti, nel novembre del 2015. Ospiti Pedro J. Ramírez, ex direttore del "Mundo", testata che faceva e fa parte del gruppo RCS, e il sottoscritto. Ormai fuori da tutto, Romiti era contento, orgoglioso, di ospitare i direttori del suo periodo che non pochi problemi gli avevano procurato sia in Italia sia in Spagna. Molti di più Pedro, per la verità, presente con la moglie, la stilista Ágatha Ruiz de la Prada. Ora penso che Romiti di errori ne abbia commessi, anche da presidente di RCS – per esempio quello di coltivare l'idea di una dinastia famigliare mettendo in difficoltà gli stessi figli Maurizio e Piergiorgio – ma credo che mai si sarebbe piegato a licenziare il direttore del "Mundo", come avvenne il 30 gennaio 2014, semplicemente per fare un favore al governo Rajoy e ai poteri forti spagnoli, ricevendone in cambio solo una manciata di pubblicità.

Il ritorno al "Corriere", ne abbiamo già parlato, avvenne il 10 aprile 2009. Per iniziativa soprattutto di Giovanni Bazoli. All'epoca il gruppo RCS aveva come presidente Piergaetano Marchetti, che è sempre stato un coerente difensore dell'indipendenza del giornale, oltre che uno straordinario animatore della Fondazione del "Corriere". Così come ho apprezzato la sensibilità e la competenza di Angelo Provasoli, presidente di RCS dal 2012 al 2015. Con Bazoli i rapporti non sono sempre stati semplici. Sul "Sole 24 Ore" venne criticata la generosa apertura di credito che Intesa Sanpaolo, allora guidata da Corrado Passera, aveva accordato al finanziere Romain Zaleski. Una serie di articoli del "Corriere" sull'ipotetica trattativa Stato-mafia non piacquero al presidente della Repubblica Giorgio Napolitano. La pubblicazione di alcune intercettazioni mi procurò una strigliata indimenticabile del presidente. "Qui è in gioco la democrazia." Ma non si potevano pubblicare tutte quelle di Berlusconi e sorvolare per carità di patria sulle altre. Personalmente non ho mai creduto alla tesi della procura di Palermo e ritengo che il Quirinale, in quella occasione, sia stato tirato in ballo con censurabile leggerezza. Il fatto che il "Corriere" avesse pubblicato, nell'inverno del 2014, l'anticipazione del libro di Alan Friedman

Ammazziamo il Gattopardo (Rizzoli, 2014) con le ipotesi di un complotto (alle quali non ho mai dato credito) per mandare a casa Berlusconi nel 2011, non piacque affatto a Bazoli. Se ne lamentò con il suo stile, dicendo la sua opinione ma rispettando la libertà del giornale. Difendo ancora oggi quella scelta. Fra l'altro il libro era edito da Rizzoli. Un'anticipazione era già stata concordata dall'autore con il "Financial Times". Rinunciarvi non sarebbe servito a nulla. Il libro conteneva diverse interviste interessanti, da quella con D'Alema a quella con De Benedetti. Se ne discusse e fu un bene. Ho avuto modo più volte di dire che il comportamento di Napolitano, in quel 2011, fu sostanzialmente condivisibile. Al limite e, forse, un pochino oltre i suoi poteri. Ma l'Italia era sull'orlo della bancarotta. Berlusconi non aveva più una maggioranza e, dopo il vertice di Cannes, era totalmente isolato a livello internazionale.

Non potrei che avere parole positive per parlare di quello che Giovanni Bazoli ha fatto in difesa del "Corriere", raccogliendo, come lui stesso ha più volte detto, un testimone ideale passatogli dall'avvocato Agnelli, fino alla scelta di appoggiare l'offerta di pubblico scambio di Urbano Cairo. In quest'opera decennale, impervia, a volte impossibile, Bazoli ha impedito che il "Corriere" finisse in mani berlusconiane dopo averlo salvato, insieme a quella che fu la banca di Calvi, dalle spirali massoniche e del malaffare. Nino Andreatta a un certo punto pensò che sarebbe stato anche un ottimo candidato premier. Ma Bazoli, proprio in una intervista a chi scrive ("Corriere", 14 giugno 2000) disse di no. E credo abbia fatto bene. Ha molte qualità, ma non vedo in lui né la malizia né i necessari anticorpi di un uomo politico.

Il palco di Vicenza e il temperamatite di Prodi

Negli anni il carattere si è addolcito. Ma il Prodi trionfante dell'Ulivo nel 1996 o nel 2006 era più spigoloso. Umbratile. Nutriva un certo sospetto nei confronti del "Corriere" e del "Sole" per le critiche rivolte soprattutto all'eterogeneità delle coalizioni dei suoi governi che si rivelarono subito fragili e inconsistenti.

A Prodi non sono stati fatti molti sconti. Non è vero che ha goduto di un favore della stampa, generalmente più vicina al centrosinistra. Appena diventato direttore del "Corriere", nell'aprile del 1997, proprio nei primi giorni della mia direzione, accadde un piccolo incidente. Io avevo già incontrato Prodi a palazzo Chigi qualche settimana prima della designazione come successore di Mieli. Era stato gentile, mi aveva fatto gli auguri. In occasione della festa del Primo maggio, il suo ufficio stampa aveva mandato un articolo sul tema. Ovviamente, del lavoro. Il vicedirettore Carlo Verdelli lo giudicò impubblicabile. Aveva ragione. E lo respingemmo. Verdelli ricevette una telefonata seccata del premier. Rispose gentilmente che poteva essere scritto meglio. "Ma è un articolo del presidente del consiglio!" L'articolo uscì sulla "Stampa".

"Il Sole 24 Ore" non mancò, nella lunga campagna che portò alle elezioni del 9 e 10 aprile 2006, di smascherare le contraddizioni del mastodontico programma dell'Unione, soprattutto sul versante fiscale. Un giorno ricordo che incontrai per le strade di Milano – io allora dirigevo "Il Sole" – l'economista Ferdinando Targetti, scomparso nel 2011, persona di rara gentilezza. Mi confidò di essere tra gli autori di quel lungo documento, 281 pagine, che riassumevano tutta la politica economica del futuro governo (i sondaggi davano a Prodi un vantaggio ritenuto incolmabile sull'uscente Berlusconi). Targetti non negava che si dovesse tassare un po' di più il risparmio. Il giornale ne parlò con la competenza dei suoi esperti. E le sorti di quella campagna elettorale, che sembrava del tutto in discesa per la coalizione di Prodi, cominciarono a mutare.

Ma la svolta avvenne, clamorosa, nel corso del tradizionale convegno di primavera della Confindustria che si tenne il 17 e 18 marzo 2006 a Vicenza. Il primo giorno, il candidato di centrosinistra aveva risposto alle domande di una decina di imprenditori e tutto era filato liscio. Prodi aveva ottenuto poi in serata l'apprezzamento del presidente Montezemolo. Un po' frettoloso a giudicare da quello che sarebbe accaduto il giorno successivo. Proprio in quell'occasione, in margine ai lavori del convegno, il candidato dell'Unione aveva promesso a Montezemolo e al vertice di Confindustria che, una volta eletto, avrebbe varato una riduzione del cosiddetto cuneo fiscale, la differenza tra il costo del lavoro e la retribuzione effettiva di un lavoratore. Prodi prese un impegno formale, che mantenne. Si lamenterà poi dell'irriconoscenza e della maleducazione degli imprenditori. "Da viale dell'Astronomia non venne nemmeno un grazie," ricorda il suo portavoce Silvio Sircana.

Il giorno dopo, il vertice nazionale degli imprenditori capì che l'umore della base era di tutt'altra natura. La partecipazione di Berlusconi fu a lungo in dubbio. Io facevo da moderatore di tutte le sessioni. E mi stavo già preparando a gestire un dibattito fra gli imprenditori prescelti per porre le loro domande al ministro dell'Economia Giulio Tremonti, che avrebbe dovuto sostituire il premier. L'incertezza durò fino all'ultimo. Seppi solo pochi secondi prima di salire sul palco, e casualmente dal carabiniere di una scorta, che Berlusconi stava arrivando. Quando lo annunciai al pubblico ci fu un'ovazione. Erano presenti circa cinquemila persone. Come se il pavimento si fosse alzato all'improvviso. Un'onda tellurica. Una sensazione incredibile. E non ho mai creduto alla versione delle truppe cammellate organizzate all'impronta per sostenere il Cavaliere, ed entrate all'ultimo, al momento del suo arrivo peraltro rimasto incerto fino alla fine. A parte le prime file, stavano tutti con lui.

Berlusconi salì sul palco, assieme a Tremonti, lamentando una lombosciatalgia che lo costringeva a restare leggermente piegato. L'aria sofferente, irritata, ma si era già premurato, da perfetto showman, di farsi dare un "gelato", un microfono portatile. E a quel punto, avrei dovuto capire che qualcosa di sorprendente poteva accadere. Dunque, come organizzare il dibattito con Berlusconi e Tremonti? La scaletta prevedeva le domande degli imprenditori e le relative risposte dell'ospite, con tempi contingentati, come era avvenuto con Prodi che li aveva rispettati alla lettera. Tremonti mi si avvicinò e mi disse: "Manda via questi cretini dal palco." Incredibile. Escluso. E poi come avrei potuto fare? Erano i piccoli imprenditori selezionati per fare le domande a lui e al premier. I padroni di casa. Ovviamente non feci nulla, diedi la parola al primo industriale in scaletta che fece la sua interminabile, e sinceramente inutile, domanda. E poi passai il microfono a Berlusconi pregandolo di rispettare i tempi. Non l'avessi mai detto. Il Cavaliere fece uno scatto. Dimenticò di colpo di avere dolori alla schiena e si impossessò della scena. Si alzò in piedi e si rivolse alla platea. Un'ovazione. Sferrò un attacco durissimo a Confindustria, se la prese con Diego Della Valle – che lo aveva criticato, alla sua maniera, intimandogli di dargli del lei. Le prime file erano mute, impietrite. Alle loro spalle, c'era gente che era salita persino sulle sedie. "Chi sta con la sinistra è perché ha qualcosa da nascondere." Cioè qualche scheletro nell'armadio e il timore della magistratura. Un delirio. La scaletta era saltata. Berlusconi parlò per un quarto d'ora circa. Quando finì, gli feci notare che la lombosciatalgia era scomparsa. Un'altra ovazione. E sul volto del cavaliere comparve un sorriso. Tremonti mi suggerì di farla finita con le domande degli imprenditori, "che avevano rotto il cazzo". Il convegno era terminato. Al povero Andrea Pininfarina, allora vicepresidente di Confindustria, toccò un'imbarazzante difesa delle regole e della stessa associazione. Pininfarina morirà in un incidente stradale, banalissimo, in sella alla sua Vespa, nell'agosto del 2008. L'indomani di Vicenza, scrissi in difesa del giornale e di Radio 24, attaccati dal presidente del consiglio. E cominciai a rispondere, a uno a uno, a lettori e abbonati che ne condividevano l'orientamento. Non mi persi d'animo. Il contatto diretto è la scelta migliore. Faticosa. Ma alla fine i lettori o gli ascoltatori si guadagnano, non si perdono.

Era accaduto, però, che l'8 marzo Paolo Mieli, allora direttore del "Corriere", si fosse espresso, sbagliando, a favore del candidato del centrosinistra. Una scelta sciagurata che costò al "Corriere" la perdita di migliaia di lettori e che rimarrà negli anni una sorta di incubo per tutti i direttori. Un fantasma del quale non fu facile liberarsi. Ricordo che nel 2009 non pubblicai di fondo, bensì di spalla (diversità tipografica che salva le apparenze, cui ci si aggrappa in momenti difficili), un articolo di Tommaso Padoa-Schioppa, del tutto innocuo, solo perché in quel giorno c'era un turno di elezioni amministrative. Padoa-Schioppa era stato ministro dell'Economia nell'ultimo governo Prodi. Il mio timore era eccessivo, ma non volevo nemmeno lontanamente che apparisse come una sorta di endorsement indiretto. L'interessato se ne dispiacque. Tentai di spiegarglielo. Si sentiva ingiustamente perseguitato per il suo trascorso di ministro dell'Economia e temeva una sorta di ostracismo anche dal suo giornale. All'estero molti gli offrirono posti e incarichi. Si occupò anche del debito greco. In Italia nessuna offerta di lavoro. La presidenza di Generali gli venne negata. Solo il "Corriere" gli aveva proposto di riprendere la collaborazione che aveva cominciato negli anni in cui era alla testa della CONSOB, la commissione di vigilanza della borsa e delle società. Padoa-Schioppa morirà improvvisamente durante una cena, il 18 dicembre 2010, lasciando un grande vuoto. Era un fine intellettuale, un uomo rappresentativo della migliore Italia. Ci parlammo sempre dandoci del lei. Una volta mi disse che saremmo potuti passare al tu. Poi ci ripensò: "Ci sono 'lei' più affettuosi e amichevoli di tanti 'tu'," mi disse. E non cambiammo. Giustamente.

Non so come avrebbe reagito Padoa-Schioppa al tramonto dell'idea d'Europa, alla Brexit, all'insorgere un po' ovunque di movimenti nazionalisti. Lui, di famiglia ebraica, avrebbe sentito nuovamente il soffio gelido dei pregiudizi che pensava fossero stati sconfitti dalla ragione e dalla cultura. La moneta unica, nella sua idea di autentico cittadino europeo, non era soltanto una valuta comune. Era soprattutto l'espressione di una nuova appartenenza, il simbolo di un ritrovato destino di pace e rispetto di ogni minoranza. Molte amarezze gli sono state risparmiate. Credo manchi oggi al dibattito sul futuro dell'Europa il contributo di una mente aperta e di straordinaria competenza tecnica come la sua. L'ingresso nella moneta unica fu gestito bene dal nostro paese? O il cambio tra lira ed euro (1936,27) fu penalizzante per noi? Erano fondati i dubbi dell'allora governatore della Banca d'Italia, Antonio Fazio? Sono tutte domande che sarebbe opportuno non trascurare se si vuol difendere le ancora tante ragioni dell'Europa.

Prodi lasciò palazzo Chigi dopo la vittoria di Berlusconi nelle elezioni del 13-14 aprile 2008 contro Walter Veltroni. L'ultimo incontro che avemmo negli uffici della presidenza fu una discussione disincantata sul successo del centrodestra, le contraddizioni della sinistra e la scelta maggioritaria di Veltroni che non volle abbracciare, perdendo, tutte le frazioni di alleati che invece Prodi aveva riunito nelle sue due vittorie contro il Cavaliere. All'incontro era presente anche Silvio Sircana. Sul tavolo dell'ufficio di palazzo Chigi spiccava uno strano temperamatite. Probabilmente comprato dallo stesso Sircana. Raffigurava un uomo supino. La punta della matita si faceva in corrispondenza del suo cuore, sanguinante. Si premeva e il pupazzo si agitava come se stesse morendo. “Ecco, voi mi avete trattato così,” disse Prodi con un sorriso sulle labbra. Alle basi dello strano temperamatite c’erano segnati i nomi dei principali direttori dei giornali, il mio e quello di Ezio Mauro della “Repubblica” per esempio. “Ne uccide più la penna…” rincarò la dose Sircana. Insomma, la squadra di Prodi si sentiva vittima di una sorta di congiura dell’informazione che avrebbe fatto di tutto per favorire il ribaltone e riportare al governo il Cavaliere.

L'insostenibile serietà del professore

Curioso e persino ingiusto il destino di Mario Monti. Resto fermamente convinto che senza di lui, senza il suo governo di tecnici voluto – con qualche forzatura istituzionale – da Giorgio Napolitano nel novembre del 2011, il paese non si sarebbe salvato. Quel merito glielo riconoscono in pochi. C'è invece una sgradevole *damnatio memoriae*, al punto che si accusa l'economista milanese anche di colpe non sue. Gli errori nell'azione di governo non mancarono e furono puntualmente segnalati sul "Corriere" da altri due bocconiani, Alberto Alesina e Francesco Giavazzi: troppe tasse e pochi tagli di spesa. Il professore non gradì e non mi parlò per settimane, aderendo entusiasta invece ai corteggiamenti di "Repubblica". La casa bruciava in quell'estate del 2011 con il pericolo che non potessimo più accedere ai mercati finanziari e forse qualche eccesso nelle operazioni di spegnimento c'è stato. Un riesame critico dei risultati del suo governo (16 novembre 2011 – 27 aprile 2013) lo dovrebbe fare lo stesso Monti. Così risalterebbero, di converso, anche i meriti. Non pochi. Ma non credo lo farà mai, ed è un errore. Si è chiuso un po' risentito (e con qualche ragione) su se stesso. Il carattere non l'aiuta. Ma come non notare che rigore e austerità, ritenute erroneamente eredità negative del governo tecnico, sono diventate due parole impronunciabili nel nostro paese.

La classe politica non prova alcun senso di responsabilità nei confronti delle generazioni future. E il debito cresce. Il rispetto delle regole, in particolare quelle che l'Italia ha liberamente sottoscritto nei suoi accordi europei, dovrebbe essere un dovere nazionale. Le si può discutere e sarebbe meglio trattarle prima con una presenza nell'esecutivo europeo più attenta e qualificata. Ma una volta recepite, non possiamo considerarle un'imposizione autocratica, un'espressione violenta delle burocrazie comunitarie. Così si riduce il già debole concetto di legalità. Ma, soprattutto, si è poco seri e affidabili. Mario Monti ha combattuto per tutta la vita questo difetto genetico dell'italianità. Nei trentacinque anni in cui ha collaborato con il "Corriere", lasciando un segno intellettuale profondo, in continuità con il pensiero einaudiano, ha contrastato il consociativismo e il protezionismo finanziario, difeso le ragioni della concorrenza, promosso un'economia sociale di mercato. Ma i calvinisti lombardi non sono destinati alla popolarità perché hanno il difetto di dire verità scomode. E poi, non sapendo comunicare, le dicono in maniera sbagliata. Disastrosa la sua apparizione, durante la campagna elettorale del 2013, alle *Invasioni barbariche* con Daria Bignardi, la birra e il cagnolino Empty.

Monti sbagliò nell'accettare di "salire in politica" e di dare vita a Scelta civica con l'improbabile alleanza con Gianfranco Fini e Pierferdinando Casini. Non ne parlammo all'epoca. I rapporti erano freddi. Non ricevetti nessuna amichevole richiesta di parere, com'era accaduto in altri passaggi importanti della sua vita professionale. Cosa che mi lusingava non poco. Sono convinto, comunque, che la sua avventata scelta politica sia stata fatta più per senso del dovere che per vanità. La dimensione politica – anche negli anni in cui ha svolto con risultati e prestigio la carica di commissario europeo – gli è sempre stata estranea. Non si attaglia al suo carattere. Un economista conosciuto, rettore e poi presidente della Bocconi, è abituato alla gentilezza, al rispetto, persino a forme ipocrite di venerazione. E non deve essere stato facile per una persona educata come lui, e con una rilevante self consciousness (la definizione non è mia, ma di Napolitano, parlando in privato del senatore a vita da lui nominato), scoprire a settant'anni che la politica è, nella celebre definizione di Rino Formica, "sangue e merda". Non c'è riconoscenza, né rispetto. Chiunque, incontrandoti per strada, ti può tirare un ceffone e tu devi pure sorridere. Monti non ha sorriso. Ha abbandonato troppo presto, non senza irriconoscenza, i molti che lo avevano seguito nella sua avventura politica. Ma oggi non merita l'isolamento cui è stato condannato anche dalla spregiudicatezza di chi aveva giurato sulle virtù dell'"Agenda Monti". E votato le sue leggi – tra cui la più importante quella sulle pensioni di Elsa Fornero – e ora pensa che tutti i guai del paese derivino dai pochi mesi a palazzo Chigi dell'economista col loden. Non esageriamo.

Nell'estate del 2011 erano già incombenti le nubi di una possibile tempesta finanziaria. Il governo Berlusconi si indeboliva progressivamente perdendo pezzi della propria maggioranza. Monti aveva intensificato il ritmo delle sue collaborazioni al "Corriere" con interventi puntuali. Il 14 luglio, in particolare (*Quel che serve davvero al Paese*) si chiedeva il perché dell'improvvisa sfiducia nei confronti dell'Italia da parte di mercati e agenzie di rating. E vi era una frase che, riletta oggi, alimenta la discussione sulla crisi bancaria. "A differenza dell'Irlanda, l'Italia ha visto le sue banche colpite solo moderatamente dalla crisi, il che ha evitato grossi oneri per salvataggi a carico del bilancio pubblico. A differenza della Spagna, dove la fine del boom edilizio ha causato una profonda recessione e dissesti finanziari, l'Italia non era caratterizzata per un eccesso di espansione né nelle costruzioni né nell'indebitamento del settore privato." La crisi dei crediti in sofferenza, dei *non performing loans*, non era visibile nemmeno agli occhi del futuro presidente del consiglio che non chiederà, come la

Spagna, l'aiuto europeo per ristrutturare il settore del credito. Forse, sbagliando.

Conserva una straordinaria attualità ed efficacia la lettera al premier, cioè Berlusconi, che Monti scrisse sempre sul "Corriere" il 30 ottobre, pochi giorni prima della costituzione del suo governo: *L'euro, la crisi e il nostro Paese*. Berlusconi aveva affermato, un po' avventatamente, che l'euro non aveva convinto nessuno, era una moneta strana, attaccabile dalla speculazione internazionale. Sono testimone dello scarso amore del Cavaliere per la moneta unica. Era già circolante da pochi giorni, nel gennaio del 2002. Lo andai a trovare a palazzo Chigi, presente anche Gianni Letta. Con mia sorpresa scoprii che non aveva ancora preso in mano né una nuova moneta né una nuova banconota. "Io, questo euro non l'ho ancora visto." Il pezzo di Monti sull'euro, nella lettera del 30 ottobre, andrebbe ripubblicato. "È certamente vero che l'euro è una moneta strana, un fenomeno mai visto [...] Ma avere un vero stato alle proprie spalle non porta necessariamente una moneta a essere solida. La lira non era una moneta strana, ma era il più delle volte una moneta debole. Gli attacchi si dirigono contro i titoli di stato di quei paesi appartenenti alla zona dell'euro che sono gravati da alto debito pubblico." Monti spiegherà, in un articolo del 5 dicembre, ormai da premier (*Chiamatelo decreto salva Italia*) le prime essenziali e tempestive misure del suo governo d'emergenza. Diversi gli interventi e le interviste durante i mesi di permanenza a palazzo Chigi, anche nel periodo di rapporti freddi tra lui e il "Corriere", con il tradizionale *cauchemar* sull'orario di invio dei suoi scritti. Leggendariamente in ritardo, oltre ogni limite dell'andata in stampa. Una volta c'era il ritorno all'ora legale. "Mario, hai un'ora in più, questa volta non andiamo in ritardo, per favore." Ebbene riuscimmo a stampare oltre il limite orario, nonostante l'ora solare. Un record. Ciò spiega anche la durata biblica dei consigli dei ministri.

Appena formato il governo, nel dicembre del 2011, ospitammo al "Corriere" la riunione dell'*international advisory council* della Bocconi. Erano presenti, fra gli altri, Piergaetano Marchetti, Angelo Provasoli, Guido Tabellini. Nel mio intervento dissi che eravamo orgogliosi che un nostro grande collaboratore bocconiano fosse divenuto presidente del consiglio, ma che il giornale non avrebbe avuto una linea montiana. Gli avrebbe fatto le pulci, perché il ruolo di un giornale è quello. Non si sfugge. Accanto a me sedeva Otmar Issing, già membro della Banca centrale europea, che subito intervenne per dire che così avremmo favorito il ritorno di Berlusconi. Piccolo gelo. Non si sciolse facilmente. Gli articoli di Alesina e Giavazzi furono considerati un plateale tradimento bocconiano (o, nel caso migliore, l'espressione di differenti visioni sulla scienza economica). Monti si spazientì più volte. Anche rispondendo pubblicamente. Il 17 marzo 2012, Giavazzi scrisse un articolo dal titolo *L'emergenza non è finita* e poi, il 20 dello stesso mese, *Domande senza risposte*. "Non c'è dubbio che Mario Monti sia in assoluto la persona che meglio conosce e apprezza le preoccupazioni degli osservatori internazionali. Capisco le difficoltà di fare fronte a quell'emergenza. Ma anche Prometeo per regalare il fuoco e la speranza agli uomini fu condannato al supplizio."

La sfuggente autorevolezza del banchiere centrale

La più grande qualità di un banchiere centrale è riassumibile in una semplice frase: "Dichiarare senza dire." O, se volete, in quest'altra: "Mostrare di agire senza muoversi." La credibilità è tutto. Si conquista con l'esempio, con la rettitudine morale, con la coerenza delle decisioni. Mario Draghi non è solo il presidente della Banca centrale europea (BCE), è l'italiano di maggior successo e prestigio al mondo. E basterebbe questa semplice constatazione per troncare ogni discussione, rendere inutile qualsiasi profilo del personaggio. Ma, infrangendo il velo di riservatezza che l'amicizia inevitabilmente porta con sé, mi fa piacere svelare alcuni episodi di vita comune. Certo che non diminuiranno, in nessun caso, l'aura che accompagna la figura pubblica di Draghi. Forse aggiungeranno il sale di un'umanità più profonda di quanto non traspaia da una rappresentazione pubblica necessariamente un po' arida. Distante. Fredda.

Prima regola: toglietevi dalla testa che lunghe frequentazioni, un rapporto solido e sincero, possano indurlo, nemmeno per sbaglio, a rivelarvi lo straccio di una notizia, la parvenza di un'indiscrezione. Escluso. Il giornalista sembra lui, le domande le fa lui. E qualche volta resiste anche alla tentazione di farle su se stesso perché si rende conto che come understatement sarebbe un po' troppo. Dunque, quando il 26 luglio 2012 pronunciò la famosa frase "The ECB is ready to do whatever it takes to preserve the euro. And believe me, it will be enough", il punto di svolta nella crisi di credibilità della moneta unica, la sorpresa fu generale. Per chi lo conosceva bene, un po' meno. Perché quella modalità espressiva è l'essenza del discorso pubblico di Draghi, ed è del tutto coerente con il suo senso di disciplina, sideralmente lontano dall'approssimazione italiana e dalla faciloneria romana, pur essendo lui nato e cresciuto nella capitale. È il tratto gentile di una ferrea determinazione. Par di rileggere, in alcune sue manifestazioni, l'eredità di Federico Caffè che è stato suo professore alla Sapienza. Caffè mi capitò di intervistarlo più volte. Era gentile e determinato. Sottile e tagliente. Breve ma esaustivo. *L'ultima lezione*, di Ermanno Rea (Einaudi, 1992), dedicato alla scomparsa di "un economista disubbidiente, scontroso e problematico", avvenuta il 15 aprile del 1987, è un libro di rara efficacia narrativa.

L'uomo è questo, forgiato da una vita non semplice (perse entrambi i genitori quando era un adolescente), abituato alla fatica e alla serietà dello studio, temprato dagli anni trascorsi al servizio dello Stato. Troppe qualità. Sto esagerando? No. Nella sua gesuitica presa di distanza, anche fisica, dai peggiori difetti nazionali, Draghi può aver coltivato una sorta di latente anti-italianità che forse ne ha favorito l'ascesa internazionale. Gli italiani all'estero sono generalmente molto apprezzati. Se si mostrano critici verso il proprio paese ho l'impressione che lo siano ancora di più.

Quella dichiarazione del 26 luglio 2012 è bastata a invertire le aspettative dei mercati e a preparare il terreno allo scudo antispread, l'Outright Monetary Transactions (OMT) e al successivo Quantitative Easing (QE).

Non deve essere stato facile per Draghi, in questi anni, definire la politica monetaria della BCE, sull'orlo dell'interpretazione dei trattati, con l'opposizione del maggiore dei propri azionisti, la Germania. In questo continuo, e credo estenuante, duello sotterraneo, si apprezzano anche le indiscutibili qualità diplomatiche del personaggio che deve aver sofferto non poco nel toccare con mano un radicato pregiudizio etnico nei suoi confronti. Nell'affrontare l'accusa, ingiusta, di aver attentato alla solidità dei risparmi dei tedeschi con la politica monetaria dei tassi zero o negativi. Credo abbia sofferto molto, il 27 aprile 2016, mostrando una stoica resistenza nel rispondere alle domande di tre giornalisti della "Bild-Zeitung" che trasudavano razzismo. "Ma come, neppure lei che è un italiano riesce a generare abbastanza inflazione? Dove stiamo sbagliando?" E si sono messi in tre per fare domande così cretine.

Un altro capolavoro di Draghi del "dichiarare senza dire" è più recente. L'8 dicembre 2016, nella consueta conferenza stampa del giovedì, il presidente della BCE ha allungato il QE di nove mesi ma ha ridotto l'ammontare mensile degli acquisti di titoli pubblici e privati. Ha sostanzialmente detto, per la prima volta, che il QE avrà comunque un termine, ma il mercato non ha percepito – come ha fatto più volte con tentativi analoghi della Federal Reserve – l'inizio di un *tapering*, di un assottigliamento. L'ha detto senza dirlo. Straordinario. Rimane solo da capire perché in Italia il "tempo di grazia" concesso dalla politica monetaria accomodante sia stato così colpevolmente sprecato. Draghi poteva, e forse doveva, essere più chiaro con il suo paese. I tassi bassi non sono un merito, sono l'effetto temporaneo di una situazione eccezionale. Noi li abbiamo scambiati per una condizione permanente. Miopi e ottusi, abbiamo continuato a spendere come prima. Il conto arriverà presto.

Intervistarlo non è facile. Perché in lingua italiana tende a non dichiarare e a non dire. Il 7 settembre 2001 annunciò a me sul "Corriere" che avrebbe lasciato, dopo dieci anni, la carica di direttore generale del Tesoro. La preparazione del colloquio fu lunga e faticosa. Tutto un dentro e fuori. Ma il risultato fu apprezzabile. Draghi aveva allora 54 anni. Disse che sarebbe andato a insegnare a Harvard, in realtà poco dopo accettò di lavorare, grave errore, seppure per un breve periodo, alla Goldman Sachs prima di diventare governatore della Banca d'Italia. Disse probabilmente una bugia sul suo rapporto con il ministro dell'Economia, Tremonti. "Ottimo." Per avere un'idea di quanto fossero distanti le due personalità, cito una telefonata che Tremonti mi fece all'indomani della pubblicazione di un fondo sul "Corriere" il 24 gennaio 2010, nel quale chiedevo che il governo Berlusconi appoggiasse ufficialmente la candidatura di Draghi come successore di Jean-Claude Trichet alla testa della BCE. "Ma chi ti ha detto di scriverlo quell'articolo, la massoneria olandese?" Credo fosse una *boutade*, una delle tante di Tremonti che a volte perde – prigioniero della sua intelligenza – il senso del limite.

Nell'intervista del 2001, Draghi rivendicava tra i suoi meriti la stagione delle privatizzazioni, sulla quale un ripensamento critico non sarebbe inutile. Anche da parte sua. E notava, già allora, che senza le opportune liberalizzazioni, l'economia non avrebbe tratto, dalle vendite di stato, tutto il giovamento che si sperava. Il momento peggiore nella storia del paese era stato, secondo lui, quello successivo alla firma del trattato di Maastricht, nel 1992, "cui seguì la vittoria del no nel referendum danese". "I tassi schizzarono al 15-16 per cento, non ce la facevamo a tenere il cambio." L'estate del 1992 conobbe una gigantesca fuga di capitali. "Il consiglio europeo di Bath fu il preludio alla più grave tempesta monetaria dal crollo di Bretton Woods. Ma, in quell'occasione, Amato e Ciampi governarono con perizia e freddezza. E cominciò, lento e faticoso, il cammino del risanamento dei conti pubblici.” Eravamo nel 2001, la Casa delle Libertà di Berlusconi aveva appena vinto le elezioni, e si apprestava a governare per un quinquennio con una maggioranza che gli avrebbe consentito di fare qualsiasi riforma. In realtà, il dividendo dovuto alla minore spesa per interessi sul debito, grazie all'ingresso del paese nella moneta unica, venne sprecato con un avanzo primario in discesa. Una delle tante occasioni perdute.

Quell'intervista di Draghi, con la quale annunciava di lasciare il suo incarico di direttore generale del Tesoro a Domenico Siniscalco, che poi sarebbe stato per un breve periodo successore dello stesso Tremonti, ebbe una gestazione assai turbolenta. Dopo aver parlato con noi, Draghi letteralmente sparì. Fu irrintracciabile. Avrei capito in seguito che è una delle sue tecniche. Noi aspettavamo di andare in macchina. Lui era svanito. Che fare? Andare via, in stampa, con l'intervista non riletta dall'interessato? O farla saltare per pubblicarla il giorno dopo? Scelsi la prima soluzione. Draghi si fece vivo a notte fonda, dicendo che aveva avuto da fare. E cadendo, come fa a volte, dalle nuvole: “Ma davvero, volevate pubblicarla subito?” Eh no, aspettavamo che la notizia la dessero gli altri. Inarrivabile.

Ripeto, intervistarlo non è facile. Era ormai deciso, nell'inverno del 2014, l'ultimo della mia seconda direzione al “Corriere”, che la prima intervista italiana come presidente della BCE l'avrebbe concessa a noi. Un lunghissimo ed estenuante corteggiamento. Con il papa è stato più facile. "Tu comincia a mettere giù delle domande." Bene, ci lavorai e le inviai al suo indirizzo mail di Francoforte. Si fissò la data dell'incontro. Tutto a posto. Ma all'improvviso, poche ore prima del nostro incontro, mi arrivò una telefonata dispiaciuta. "Non posso, rinviamo." D'accordo. Ci riprovai la settimana successiva. Nuove domande, orario dell'intervista fissato con la presenza dell'allora corrispondente a Francoforte, la compianta Marika de Feo. Stessa scena. Aerei disdettati. Non se ne fa niente. Un giorno passeggiavo per il quartiere latino a Parigi e, parlando al telefono con Mario, gli ricordai dell'impegno per l'intervista. "Va bene, facciamola." Nuova istruttoria, domande, incontro, aereo fissato. Tutto a posto. Il giorno prima, colto da un vago sospetto, lo chiamai al telefono. "Ma sei sicuro di volerla fare questa intervista?" "Ma veramente avrei un altro impegno, possiamo fare un altro giorno?" "Non preoccuparti, Mario." Si era fatto tardi, il destino volle che le tante domande naufragassero nella memoria dei nostri computer. Anche le interviste si promettono e non si fanno. Sono un po' come le cose che si dichiarano e non si dicono.

Renzi, ovvero la bulimia del potere personale

Matteo Renzi è un grande comunicatore. È una delle sue tante qualità. Ma forse lo è persino troppo. Il brillante ex sindaco di Firenze ed ex premier si è avviluppato – in una bulimica bramosia di presenzialismo e di gestione del potere – nel dedalo infinito dei propri messaggi, SMS, WhatsApp, Facebook, Twitter. Ha creato egli stesso un gigantesco groviglio del quale alla fine è rimasto prigioniero. In ogni singolo messaggio, in ogni singola apparizione è stato diretto ed efficace. Qualche volta anche simpatico. L'insieme della sua comunicazione – studiata in occasione del referendum del 4 dicembre 2016 con l'inutile e costosa consulenza del guru Jim Messina – è risultato invece eccessivo, sovratono, insincero. Un torrenziale discorso pubblico che ha prodotto una cacofonia indigesta. Dopo tre anni al governo, l'immagine del rottamatore sbiadisce inevitabilmente. Si è un po' meno giovani, non si è più outsider. E da palazzo Chigi si è poco credibili nell'usare con disinvoltura il linguaggio dell'antipolitica.

Renzi ha la leadership nel sangue, la alimenta sin da giovane, ma dà l'impressione costante di non riconoscere radici né di preparare eredità. Nella sua simbologia politica non c'è una storia cui ispirarsi – nemmeno la DC di La Pira –, non c'è un'eredità da lasciare, di cui farsi carico. C'è lui e basta. Quello che c'era in precedenza è tutto da buttare, la prima repubblica, i partiti, il consociativismo – e in parte non si può che dargli ragione –, ma nel dopoguerra il paese è diventato, pur con un governo ogni anno, la settima potenza industriale al mondo. Per fortuna, dunque, c'è stato un prima. Qualche merito andrebbe riconosciuto. E, parallelamente, quello che verrà dopo di lui non gli interessa più di tanto.

Il governo Gentiloni è espressione della sua maggioranza, una costola del renzismo. Lo si potrebbe definire un esecutivo su procura renziana. Ma fin dal momento della sua formazione, la preoccupazione di Renzi è stata solo quella di garantirsi una quota di potere personale, esercitabile con i suoi più fidati collaboratori, Maria Elena Boschi e Luca Lotti, non di far sì che il governo retto dal suo ministro degli Esteri, espressione del partito di cui è segretario, sia messo nella condizione di fare il meglio possibile. È un atteggiamento da statista? Non mi sembra. È quello che ci si aspetta dal segretario del partito di cui è espressione diretta e quasi esclusiva il governo? No, di certo. Del resto nel febbraio del 2014, appena vinte le primarie contro Cuperlo e Civati per la guida del PD, il neosegretario mandò all'aria il gabinetto retto da un esponente del suo partito, Enrico Letta. E, non pago, poco dopo bloccherà la nomina dello stesso Letta a presidente del consiglio europeo. Quella carica poteva andare a un socialista, ma pur di favorire l'ascesa di Federica Mogherini al ruolo, prestigioso ma secondario, di Alto rappresentante dell'Unione per gli affari esteri e la politica di sicurezza, Renzi ha rinunciato, favorendo così il popolare polacco Donald Tusk. Letta ai vertici dell'Unione europea sarebbe stato più utile all'Italia – per esempio nella complessa partita bancaria – e prezioso per la stessa famiglia socialista europea. Senza con questo nulla togliere all'impegno e alla serietà della Mogherini.

L'ossessione dell'istante, la concentrazione sul presente e la visione tolemaica del potere, sono tratti significativi anche della comunicazione di Renzi. Non solo del suo modo di far politica. Nell'era della post verità mostra di essere particolarmente a suo agio. La coerenza non è una virtù della politica contemporanea. Il presidente degli Stati Uniti Donald Trump, massimo twittatore al mondo, ne è ormai un profeta. Ma Renzi non è da meno. L'*Italicum* (ma tutti quelli che l'hanno votato non hanno nulla da dire?) era una legge perfetta: "Sarà copiata da mezza Europa" (marzo 2015). I titoli del Monte dei Paschi, ormai risanato, erano assolutamente da comprare nel gennaio del 2016.

Un premier che dà consigli di borsa non s'era mai visto. Per non parlare della catastrofe economica di cui sarebbe stato vittima il paese se avesse vinto il no al referendum. In questo Renzi è stato aiutato da qualche esempio di post verità distillato da Confindustria e, persino, dalla Banca d'Italia.

Con Renzi i rapporti personali sono stati sempre difficili, quando non inesistenti e conflittuali. La stilista Chiara Boni – che è stata per un breve tempo assessore per le comunicazioni e l'informazione della Regione Toscana – fu la prima a parlarmi, con entusiasmo e trasporto, del talento politico e della simpatia umana di Renzi, allora presidente della Provincia di Firenze. E, in effetti, l'iniziativa promozionale del *Genio Fiorentino* fu certamente originale e di successo. I primi passi della carriera politica di Renzi sono stati seguiti con attenzione e con una costante apertura di credito dal "Corriere Fiorentino", diretto da Paolo Ermini. L'edizione locale del "Corriere" sostenne la necessità di un cambiamento radicale della politica cittadina, in occasione delle primarie, vinte a sorpresa da Renzi, il 15 febbraio 2009. Un po' contro tutti, anche contro i suoi compagni di partito. Il sindaco uscente Leonardo Domenici aveva invitato il giovane collega ad "aspettare un turno". Un'intervista dello stesso Ermini a Renzi fu certamente un passaggio importante. Il candidato assicurava che si sarebbe dato come obiettivo principale la costruzione della nuova pista dell'aeroporto di Peretola (che non c'è ancora). Successivamente il giornale lo incalzerà sulla scarsa trasparenza dei finanziamenti privati, sul degrado, sulla degenerazione della movida e sulla debolezza della sua squadra, difetto poi ripetuto su più larga scala. Insomma, il "Corriere Fiorentino" concesse – in un rapporto franco e dialettico – un'importante apertura di credito al candidato sindaco, mantenendola, seppur criticamente, dopo la conquista di Palazzo Vecchio. E anche il "Corriere" ha sempre visto con una certa simpatia – e con l'adesione di alcuni suoi commentatori e giornalisti – l'ascesa di Renzi alla segreteria del partito, sia nelle primarie perse, nel novembre-dicembre 2012, sia in quelle poi vinte l'8 dicembre 2013. Se ne lamentarono i bersaniani.

Renzi appariva l'espressione della modernità, il coraggio della rottura, seppure già allora con qualche uscita temeraria e un solipsistico complesso del potere personale. Perché allora i rapporti si sono poi così irrimediabilmente deteriorati? Non escludo di aver avuto qualche colpa personale. Avrei dovuto chiamarlo, chiedergli un incontro (cosa che feci in seguito, quando era già segretario del PD, ma non fu mai possibile). Avendolo definito un "maleducato di talento", devo ammettere che un po' maleducato con lui sono stato anch'io. Un giorno arrivò in via Solferino, era il 22 novembre 2012, per essere intervistato dal "Corriere.it". C'erano le primarie che avrebbe perso al ballottaggio con Bersani. Io non sapevo che sarebbe arrivato. Mi avvisarono solo all'ultimo momento. E, nella preoccupazione di non far tardi al mio appuntamento, parlai con lui solo qualche minuto nel corridoio. Un po' in fretta, lo riconosco. Avrei dovuto invitarlo nella mia stanza e trattarlo con maggior riguardo. Con Renzi c'era Maria Elena Boschi. Sono stato scortese anche con lei.

Renzi è piuttosto disinvolto nell'uso dei social network e predilige la comunicazione rap degli SMS. Da lui, segretario del PD, ne ho ricevuti alcuni sinceramente insulsi. In uno se la prendeva perché il giornale aveva ripreso una fotografia di "Chi" che non credo, viste le successive apparizioni, gli sia stata rubata, carpita con l'inganno. In un altro si lamentava per un servizio nel quale si parlava dei suoi trascorsi sportivi alla Rignanese, con relativa foto. E poi altri, sugli articoli che non gli garbavano, per usare un verbo toscano, con giudizi sprezzanti sul giornale e su chi lo dirigeva. Io non ho mai risposto. Ma ho capito in seguito che l'attacco al "Corriere" faceva parte di una sorta di strategia contro i cosiddetti poteri forti. Una continuazione naturale della rottamazione renziana. Il 27 maggio 2013, dopo la commemorazione notturna dell'attentato di via dei Georgofili, attaccò pubblicamente in piazza della Signoria me e i miei azionisti, soprattutto le banche. Ermini gli rispose a tono. Nella strategia di potere di Renzi era più funzionale avvicinarsi alla "Repubblica" (ospiterà a Firenze, in gran pompa, un'edizione di "Repidee") che, peraltro, con la sua edizione locale aveva avuto più simpatie per Enrico

Rossi che per lui. Il "Corriere" dunque era un nemico, parte di quell'establishment che, nella narrazione renziana, andava colpito. Distinguere il giornale dai suoi tanti, troppi, proprietari di allora, no? Troppa fatica?

Il rosario di SMS poco piacevoli continuò con Renzi al governo. E i toni si fecero più duri. L'episodio che mi lasciò di stucco accadde in occasione delle sue brevi vacanze – siamo nell'agosto del 2014 – in un albergo di Forte dei Marmi di proprietà di un suo amico. Il collega Marco Galluzzo, che lo seguiva con professionalità e rispetto, prese una stanza nello stesso albergo. Niente di male. L'albergo era aperto a tutti. Non riservato solo a lui. Il messaggio del presidente, particolarmente piccato, lamentava una violazione inaccettabile della sua privacy. Aveva incontrato Galluzzo nella hall e il collega lo aveva salutato. Tutto qui. Io stavo al mare, in Liguria, non sapevo assolutamente nulla. Al telefono, Galluzzo mi spiegò di essere stato avvicinato dalla scorta del premier che gli aveva intimato di lasciare subito l'albergo. Questo il suo racconto: "Mi avvicinai al tavolo del ristorante dove cenava, nella terrazza dell'albergo, con la moglie e i figli. Mi fu possibile solo salutarlo e per un attimo stringergli la mano, poi cominciò a gridare, lasciando di stucco i tavoli degli altri ospiti, gruppi francesi, tedeschi e russi. E anche Agnese, che mi rivolse uno sguardo di comprensione, quasi di vergogna. Gridava talmente forte, inveendo contro il 'Corriere' che invadeva la sua privacy, che la scorta accorse come se lui fosse in pericolo. Venni anche strattonato. Dovetti alzare la voce per dire al caposcorta di non permettersi. Lui reagì minacciandomi. Mi disse che tutta la mia giornata era stata monitorata, dal momento in cui avevo prenotato una camera nello stesso albergo, e che di me sapevano tutto, anche con sgradevoli riferimenti, millantati o meno conta poco, alla mia vita privata." Insomma, intollerabile. Se Berlusconi avesse fatto una cosa simile saremmo tutti insorti. Quella fu l'unica volta nella quale risposi a un SMS di Renzi, dicendogli in sostanza che non volevamo assolutamente attentare alla privacy della sua famiglia – era sempre in un luogo aperto al pubblico – non era accettabile che il collega venisse minacciato dalla sua scorta. E con quella frase sibillina sul giornalista spiato, poi. Seguì SMS di risposta. Più morbido. Per tagliar corto.

Il 24 settembre 2014 uscì sul "Corriere" il mio editoriale dal titolo *Un nemico allo specchio* nel quale criticavo la gestione del potere renziano. Non le idee del premier, molte delle quali erano e sono assolutamente condivisibili. Era un articolo costruttivo, non liquidatorio. È rimasto nella memoria collettiva più per la sua parte critica. L'assenza di rapporti, la gragnuola di messaggi abrasivi hanno certamente calcato la mia mano. Nella sostanza lo riscriverei così, però. E i fatti mi hanno dato, ahinoi, ragione. Renzi doveva guardare il suo nemico allo specchio: se stesso. La sua bramosia di potere, il suo protagonismo esasperato che aveva ridotto alcuni ministri a deboli comparse. La sua tendenza a circondarsi di amici, più fedeli che leali. Nel libro *I potenti al tempo di Renzi* (Chiarelettere, 2015) di Paolo Madron e Luigi Bisignani si legge, a proposito di colui che gli autori chiamano il "Napoleone di Rignano": "Se baderà agli altri e non solo a se stesso, durerà a lungo, altrimenti soccomberà." Il libro individua tra i "nemici" dell'ex premier la burocrazia ministeriale. Un potere forte, indubbiamente.

Dopo il mio editoriale del 24 settembre, accadde un fatto curioso del quale si è persa memoria. Sul "Corriere" del 9 ottobre apparve una pagina a pagamento dal titolo *Noi sosteniamo Matteo Renzi*. Si leggeva nell'appello sostenuto da numerose personalità milanesi, alcune delle quali a me familiari: "Noi, semplici cittadini, con questo piccolo gesto intendiamo rompere il muro di silenzio che ha avvolto il presidente del consiglio dopo i duri attacchi di questi giorni." Alcuni dei firmatari oggi sono tra i critici più feroci del renzismo. Vizi italiani.

Mi capitò in seguito di partecipare, insieme con lui, a una puntata di *Porta a porta*, ospiti di Bruno Vespa. Renzi replicò alla critica sul fatto che si fosse circondato di amici toscani, dicendo che anche lo staff di Obama era pieno di gente venuta da Chicago. C'era comunque una certa differenza.

Il passaggio del mio articolo che ha fatto più discutere è quello sull'odore stantio di massoneria. Preciso: non ho mai scritto e nemmeno pensato che Renzi sia un massone in una regione nella quale un po' tutta la classe dirigente lo è. Mi chiedevo soltanto, parlando del patto del Nazareno che teoricamente avrebbe dovuto riscrivere le nuove norme della Costituzione ed eleggere il nuovo presidente della Repubblica, se le vicinanze tra esponenti dei due schieramenti, in terra toscana, fossero spiegabili anche con quell'appartenenza. Una domanda legittima. Una richiesta di trasparenza nel momento in cui si metteva mano addirittura alla Costituzione.

Non c'è nulla di male nell'essere iscritti. Non nego i meriti storici della massoneria, anche se ho visto da vicino le sue deviazioni. Al "Corriere", purtroppo, negli anni ottanta. Lo scrive molto bene Raffaele Fiengo nel suo libro *Il cuore del potere* (Chiarelettere, 2016). In altri paesi la massoneria è un soggetto pubblico. Trasparente. Da noi pare non esistere. Misteriosa. Sembrava addirittura scomparsa, dopo il caso P2 di Licio Gelli, al di là delle apparizioni pubbliche dei vari riti che hanno spesso una valenza un po' caricaturale e folcloristica. Da noi è un tabù. Si sussurra non si dice, si sospetta non si dichiara, si allude. Ho esagerato, forse, ma nulla mi toglie dalla testa che nel dedalo di rapporti di quella che Ernesto Galli della Loggia sul "Corriere" ha chiamato "consorteria toscana", le appartenenze massoniche un ruolo lo abbiano giocato e continuino a giocarlo. Del resto, poche settimane dopo il mio articolo,

"Libero", diretto allora da Maurizio Belpietro, svelò le frequentazioni di Flavio Carboni e il suo interessamento per i vertici di Banca Etruria. Il vicepresidente della banca aretina Pierluigi Boschi, padre di Maria Elena, aveva incontrato il faccendiere sardo in un paio di occasioni durante le quali gli avrebbe chiesto consigli su chi mettere alla direzione generale dell'istituto. L'allora ministra delle Riforme, nel 2015, non ebbe problemi a rivolgersi direttamente all'amministratore delegato di Unicredit. Maria Elena Boschi chiese quindi a Federico Ghizzoni di valutare una possibile acquisizione di Banca Etruria. La domanda era inusuale da parte di un membro del governo all'amministratore delegato di una banca quotata. Ghizzoni, comunque, incaricò un suo collaboratore di fare le opportune valutazioni patrimoniali, poi decise di lasciar perdere. L'industriale delle scarpe Rossano Soldini mi ha raccontato di aver avuto molti sospetti sul ruolo della massoneria locale nella gestione dell'istituto. Elio Faralli, che ne fu padre-padrone per circa trent'anni, fino al momento in cui fu costretto a lasciare il timone a Giuseppe Fornasari, era notoriamente un massone. Soldini fece molte domande scomode, in particolare sul ruolo del consigliere Alberto Rigotti, il cui voto, probabilmente invalido, fu decisivo per eleggere Fornasari. Rigotti ebbe prestiti dalla banca, mai rientrati, e finì in bancarotta con il suo gruppo editoriale. I consiglieri dell'Etruria godettero di affidamenti per un totale di 220 milioni. Gli organi statutari erano del tutto ornamentali. Non sarebbe il caso di chiedersi se anche legami massonici o di altra natura non trasparente siano stati all'origine della concessione di troppi crediti facili e della distruzione di molti piccoli risparmi? A maggior ragione ora che alcuni istituti di credito vengono salvati con i soldi dei contribuenti? Alessandro Profumo, ex presidente del Monte dei Paschi, il 15 giugno 2016, durante la presentazione del libro di Fabio Innocenzi *Sabbie mobili. Esiste un banchiere per bene?* (Codice, 2016) rispondendo a una domanda sul tracollo del Monte dei Paschi se ne uscì con questa frase: "La colpa è tutta della massoneria." Se ne parlò poco. Profumo mi spiegherà poi di avere avuto sempre la sensazione che ci fossero fili sotterranei, strane appartenenze. E che il sospetto dei legami massonici emergesse soprattutto quando si trattava di assumere qualcuno, constatando i diffusi malumori per un no inaspettato. E ha usato un esempio dalla "Settimana Enigmistica". Unisci i puntini e scopri il disegno. Ma quanti sono i puntini? E qual è il disegno?

“Una domanda e una risposta? Non si può, presidente”

Tutto doveva avvenire nel massimo della riservatezza. L’incontro con Putin, nuovo presidente russo, era fissato già da tempo al Cremlino per la prima intervista a un giornale italiano. Ci avevamo lavorato a lungo. In silenzio. Io avevo incontrato Putin già un anno prima. A Roma. Al Grand Hotel in un breakfast organizzato dall’ambasciata russa nella capitale. All’epoca mi sembrava giovane e inesperto, quasi un fuscello uscito dalle tremanti mani di Eltsin e forse destinato a fare la fine ingloriosa di tanti altri delfini. Non sospettavo minimamente che un ex agente segreto avrebbe mutato il corso della Storia che all’epoca sembrava punire oltremodo la vecchia Russia postcomunista. Mi venne in mente allora una profezia di Ugo Stille che era un ebreo di origine russa. Il suo vero nome era Mikhail Kamenetzky ed era nato a Mosca per poi riparare prima in Italia e poi negli Stati Uniti con la sua famiglia. Quando crollò l’URSS, Stille mostrò una tranquillità che mi sorprese. Il mondo cambiava davanti ai suoi occhi. E lui sembrava non fare una piega.

Gli sforzi per mantenere riservato l'incontro con Putin fino al giorno della pubblicazione furono subito vanificati. Sull'aereo per Mosca in partenza da Milano vi era un'intera comitiva di giornalisti sportivi al seguito di Mario Pescante, allora sottosegretario allo Sport del governo Berlusconi, e di Evelina Christillin, all'epoca impegnata anima e corpo nell'organizzazione delle Olimpiadi invernali di Torino. Evelina mi vide sull'aereo e mi fece grandi feste. E davanti a tutti mi chiese: "Ma che ci vai a fare a Mosca, proprio tu che ti sposti così raramente?" Preso in contropiede non seppi dire granché. Imbarazzato risposi. "Vado in visita alla redazione moscovita." Sorrisini vari. Disappunto.

L'intervista con Putin venne pubblicata sul "Corriere" il 16 luglio 2001 poco prima del G8 di Genova che sarà ricordato tristemente per gli incidenti con i no-global, la morte di Carlo Giuliani e la mattanza della caserma di Bolzaneto, una pagina vergognosa delle forze dell'ordine. Al colloquio erano presenti i colleghi Franco Venturini, Fabrizio Dragosei e Vittorio Strada. L'arcigno assistente dell'allora quarantottenne Vladimir Vladimirovič, era un signore nervoso di nome Aleksej Gromov, che ci fece leggere un biglietto nel quale era scritto che l'intervista sarebbe durata al massimo quarantacinque minuti. La prima domanda di Venturini fu lunga e articolata e la risposta ancora di più. Il tempo passava inesorabilmente. Gromov mi passò un altro bigliettino: "Mancano quindici minuti." A un certo punto dissi a Putin:

"Presidente, ma così l'intervista con una domanda sola e una sola risposta è incompleta e non può essere pubblicata." Putin rimase per un attimo di ghiaccio. Pensai: "Qui salta tutto." Poi lanciò uno sguardo a Gromov e all'interprete che aveva a lungo studiato all'Università di Perugia ed era nostalgico del partito comunista italiano. "Va bene, andiamo avanti." Putin si sciolse, sorrise persino, rispose su tutto. Anche sulla Cecenia, sui diritti umani, sull'incidente del sottomarino *Kursk*.

Alla fine dell'intervista erano trascorsi un'ora e quaranta minuti. Ed era andata particolarmente bene. Grazie al lavoro dei colleghi. Il mio era un ruolo da accompagnatore, in visita alla redazione moscovita, peraltro composta da un solo collega, Fabrizio Dragosei. Una proposta di intervistare ancora il presidente russo (che nel 2015 risponderà alle domande di Luciano Fontana e Paolo Valentino) la ebbi anche nel 2014. Io designai come intervistatrice Barbara Stefanelli, allora vicedirettore con la responsabilità sugli Esteri. Il Cremlino disse no. Io tenni la mia posizione. E l'intervista passò alla "Repubblica" e fu fatta, insieme a colleghi di altri giornali europei, da Ezio Mauro.

Andai invece da solo a Pechino, nel marzo del 1999, per intervistare l'allora presidente della Repubblica popolare cinese Jiang Zemin, che all'epoca condivideva il potere con il primo ministro Zhu Rongji. Il merito di quell'incontro fu tutto di Francesco Sisci che peraltro conosce assai bene il cinese. Insieme preparammo le domande. E insieme avemmo un incontro di poco meno di un'ora nella palazzina numero 18 con il presidente. Zemin si apprestava a fare un viaggio in Europa e a visitare il nostro paese. La conversazione che doveva arricchire l'intervista, scritta in cinese, domande e risposte, risultò piacevole. Gli regalai una serie di CD che avevo espressamente scelto con la consulenza di Riccardo Muti. Zemin era un grande appassionato di lirica, si vantava di saper cantare. Conosceva qualche parola di un italiano da romanza. E qualche aria l'aveva già intonata in occasione di una visita del presidente della Repubblica Oscar Luigi Scalfaro a Pechino. Un ingegnere che parlava russo, inglese e rumeno. Era alla guida di una Cina che già esplodeva in tutto il suo fantastico tasso di crescita. I cinesi compravano un milione e duecentomila telefonini al mese. Ma il tempo che è trascorso da allora sembra infinito. Era ancora una Cina, per così dire, emergente. La Cina del finire del secolo scorso che era ancora, ufficialmente, il secolo americano. Zemin parlò di Mozart, Hugo, Balzac, citò Dante e Leonardo ed eluse ogni domanda scomoda. Si inquietò davanti alla mia insistenza sui rapporti con il Vaticano, allora resi difficili dalla questione dei vescovi nominati dal regime. Mi farà piacere molti anni dopo, nel 2014, rivolgere una domanda analoga a papa Francesco e ricevere una risposta che darà il la al disgelo nel rapporto tra Vaticano e Cina. Ma quando intervistai

Jiang Zemin c'era ancora una sostanziale cortina di ferro irrobustita dall'ateismo di stato, da un fastidio persino fisico per le questioni religiose. E per quelle sui diritti umani. Erano passati solo dieci anni dalla repressione di piazza Tienanmen. Naturalmente, non avrei mai immaginato che anni dopo i cinesi si sarebbero comprati la Pirelli, l'Inter, il Milan e molto altro. Il presidente cinese era un grande appassionato di calcio.

Il leader socialdemocratico tedesco Gerhard Schröder venne in visita al "Corriere" mentre era in corso la campagna elettorale per le elezioni politiche del 27 settembre 1998, nelle quali avrebbe prevalso su Helmut Kohl. Era diventato buon amico del nostro corrispondente a Berlino. Paolo Valentino ha sempre avuto la straordinaria capacità di tessere rapporti amichevoli con i principali leader. In Germania con Otto Schily, allora ministro dell'Interno, e con Joschka Fischer, responsabile degli Esteri. Ma anche con la stessa Angela Merkel. Valentino organizzò in maniera impeccabile la visita al "Corriere" del candidato socialdemocratico. Nella sala Albertini si tenne un incontro con alcuni colleghi e con la presenza di Alberto Ronchey che allora era presidente della RCS. Schröder era particolarmente sprezzante nei confronti del suo avversario. Amante della buona tavola, volle andare in una trattoria tipica milanese, si intrattenne con molti turisti tedeschi incontrati in piazza della Scala, dove aveva fatto visita al sindaco Gabriele Albertini. Accompagnai Paolo anche in occasione di un'altra intervista che Schröder concesse al "Corriere" nella nuova sede della cancelleria a Berlino. Mi colpì, in quella occasione, il fatto che il cancelliere ci facesse entrare in un ufficio ancora in parte disadorno. Con il trasloco in corso. Scatoloni in vista. I quadri, quasi tutte fotografie, non erano stati ancora appesi alle pareti. C'era un'aria assolutamente familiare, a testimonianza del fatto che si trovasse bene con i suoi amici italiani. Rilassato, disposto a qualche battuta. Risate frequenti. Ecco un aspetto del potere tedesco che contrasta con quella più comune visione arcigna e sospettosa. E credo sia anche una caratteristica di Angela Merkel. C'è disponibilità e semplicità. Il rigore e l'austerità non devono necessariamente essere accompagnati dal malumore o dal sospetto nei confronti degli altri. La fermezza è l'altra faccia della medaglia nell'atteggiamento tedesco. Alimentata però dalla scarsa serietà di alcuni nostri comportamenti e dalle molte promesse non mantenute.

Con gli spagnoli c'è stata sempre maggiore familiarità. Gli incontri con José María Aznar sono stati numerosi anche grazie ai buoni rapporti con Pedro J. Ramírez, direttore del "Mundo". Aznar è stato a lungo un modello positivo per un centrodestra europeo moderno, aperto al mercato e alle liberalizzazioni. Il partito popolare perse le elezioni del 2004 dopo lo spaventoso attentato di Atocha dell'11 marzo: Zapatero batté Rajoy. Ci sono leader politici perfetti nel momento storico in cui riescono a interpretare un'onda di consenso nella società. E maledettamente invecchiati una volta perso il potere. Come se fossero passati anni luce. Aznar è uno di questi. Un po' come Blair. Entrambi appoggiarono la guerra in Iraq di Bush. E ne condivisero le bugie.

“Vada a Maaloula, vedrà che paradiso”

Tra le tante foto che conservo degli incontri più importanti, quella con Bashar al-Assad, scattata in occasione dell’intervista che rilasciò al “Corriere” a Damasco nel febbraio del 2002, l’ho infilata in un cassetto. E lì è rimasta. Sepolta. Un po’ perché all’epoca pensavamo, sbagliando, che il nuovo presidente siriano sarebbe stato diverso e meno spietato del padre Hafiz da cui aveva ereditato il potere. Un po’ perché nella nostra miopia intellettuale eravamo convinti che il solo fatto di aver studiato all’estero, o di aver sposato una studentessa – Asmā Akhras, figlia di un cardiologo siriano emigrato a Londra – fosse già di per sé una garanzia di cambiamento. La storia, come sappiamo, è andata in una direzione assai diversa. E le responsabilità del regime che non avrebbe esitato a usare armi chimiche sono enormi. L’esperienza ci ha insegnato che si possono frequentare i migliori college inglesi e, nello stesso tempo, essere attratti dall’ideologia di morte dell’estremismo islamico, tramutarsi in *foreign fighters*. I modi gentili non escludono la crudeltà.

Il livello di istruzione non è garanzia del rispetto dei diritti umani. Tutta la vicenda siriana andrà comunque esaminata dagli storici con grande attenzione nella estrema difficoltà di separare le varie responsabilità delle forze in campo.

L'intervista a Bashar al-Assad fu preparata con cura da Antonio Ferrari che mi chiese di accompagnarlo a Damasco. Com'era accaduto e accadrà in tante altre occasioni, la presenza del direttore è indispensabile. A dimostrazione dell'importanza che il giornale attribuisce al colloquio. L'intervista fu la prima rilasciata a un giornale italiano (Assad si apprestava a venire in visita in Italia) e la prima dopo l'11 settembre. Una consigliera del presidente, Bouthaina Shaaban, svolse il ruolo di intermediaria. La conversazione ruotò tutta attorno al tema del terrorismo e della possibile e imminente guerra in Iraq. Riletto oggi il titolo che allora venne dato all'intervista ha qualcosa di profetico. "Se l'America colpirà l'Iraq sarà il caos" era in sintesi il pensiero di Assad, che la scomparsa improvvisa del fratello Basil, erede designato dal padre, aveva strappato a una carriera di oftalmologo. Non pensavamo che il presidente siriano sarebbe stato un dittatore sanguinario, ma è innegabile che qualche ragione l'avesse. L'intervento americano avrebbe avuto conseguenze incalcolabili, soprattutto nella creazione del sedicente stato islamico e nella propagazione internazionale del terrorismo.

Ho un ricordo molto bello e dolce di Damasco, la gente disponibile e aperta. Gli incontri che precedettero l'intervista assai piacevoli. L'esperienza di Ferrari preziosa. Antonio è tra i maggiori studiosi del Medio Oriente. Ha conosciuto tutti i leader. Indagato in profondità, e prima di altri, le ragioni del conflitto tra sunniti e sciiti. Assad fa parte di una minoranza alawita, del ramo sciita. I germi della guerra civile erano comunque già individuabili nel fermento della maggioranza sunnita, nella contrapposizione fra campagne e città acuita dalla crisi idrica. Il regime si vantava di garantire il rispetto di ogni fede religiosa, soprattutto per i cristiani. Il giorno dopo l'intervista, Assad mi fece accompagnare dal suo autista a Maaloula, a 56 chilometri a nord est di Damasco, dove si parla ancora l'aramaico. "Vedrà, un paradiso." L'autista non era molto contento di accompagnarmi, se la prendeva con tutti. Oggi Maaloula è un ammasso di macerie dopo essere stata presa e saccheggiata dalle milizie di Jabhat al-Nusra (alleate allora con al-Qaeda). Nell'inverno del 2002 quel piccolo villaggio cristiano risaltava nello splendore dei suoi monasteri e santuari. Un'oasi di pace e di raccoglimento, meta di tanti pellegrinaggi, anche musulmani. Un gioiello di convivenza, spazzato via dalla guerra.

Il colloquio con il presidente si svolse con domande in inglese e risposte in arabo. Io avevo bevuto nell'attesa una grande quantità di caffè che cominciava, durante l'incontro, a produrre i propri incontenibili effetti. Resistetti a lungo. Ferrari prima del nostro appuntamento mi aveva raccontato come l'intelligence israeliana, il Mossad, avesse capito che Hafiz, il padre di Assad, era ammalato con pochi mesi di vita, entrando in possesso di un campione della sua urina, durante un vertice dei paesi arabi. Avevo il timore, chiedendo di andare in bagno, di essere inopportuno e di rovinare, in qualche modo, l'intervista. Ma alla fine fui costretto a interrompere il presidente e chiedere dove fosse la toilette. Assad si alzò e mi accompagnò al bagno.

Con Antonio Ferrari abbiamo condiviso altre esperienze analoghe. Ferrari aveva e ha un buon rapporto con il re di Giordania Abdallah, che ha intervistato più volte. Grazie a lui, la regina Rania venne in visita al "Corriere" nel 2001 ed ebbe modo di parlare del pericolo dei fondamentalismi nel mondo islamico. La cronaca di quella visita fu firmata da Maria Grazia Cutuli che morirà in Afghanistan il 19 novembre dello stesso anno. La regina Rania scrisse parole bellissime in suo ricordo. Con Ferrari e con Guido Olimpio, corrispondente da Gerusalemme, andammo a intervistare Ariel Sharon che, dal 6 febbraio 2001, era primo ministro di Israele. L'articolo uscì il 30 ottobre del 2002. Sharon fu duro nel rifiutare un incontro con Yasser Arafat, ormai confinato dagli israeliani a Ramallah, disse che discuteva con altri palestinesi dei quali non voleva fare i nomi per non metterli in pericolo di vita. Temeva che Gheddafi potesse avere un giorno la bomba atomica. Affermò che Israele era pronto a "concessioni dolorose" pur di arrivare alla pace. "Siamo pronti a dividere la nostra terra." Sharon era considerato un falco, un provocatore. Divenne celebre la sua passeggiata, accompagnato da una scorta militare, sulla spianata delle moschee a Gerusalemme che suscitò violente reazioni palestinesi. Fondatore di Kadima, fu però coraggioso nel ritiro da Gaza e nella volontà di smantellare alcuni insediamenti di coloni. Verrà colpito da ictus nel 2006 e rimarrà a lungo in coma. Conservo un buon ricordo di quell'incontro perché Sharon era aperto e simpatico. Mi chiese se al Rigolo, il ristorante in largo Treves, si mangiasse ancora bene. Amava Milano. C'era stato tante volte. Gli portai, con una dedica speciale, il libro di Oriana Fallaci *La rabbia e l'orgoglio* che era diventato nel frattempo un grande best seller internazionale. Sharon gradì molto e parlò a lungo di Oriana, di quando l'aveva conosciuta, del suo carattere difficile. Esprimeva un'ammirazione autentica. La considerava non solo una grande giornalista, ma una combattente vera, anche se alcune delle sue battaglie non le condivideva affatto. Credo che Sharon sia mancato al suo paese troppo presto. Era un falco illuminato e un politico di razza che avrebbe potuto domare con il suo carattere l'insorgere di una destra israeliana che non considera più la pace una necessità. Lui voleva farla.

Poi venne la volta del leader turco Recep Tayyip

Erdoğan. Era il luglio del 2009. L'incontro avvenne ad Ankara ma nella sede del partito per lo sviluppo e la giustizia, l'AKP. Erdoğan allora era primo ministro, non ancora presidente, non ancora con i modi del dittatore risoluto che ormai sono il tratto evidente del suo modo di governare. L'intervista fu resa possibile anche grazie ai buoni uffici dell'ambasciatore italiano ad Ankara Carlo Marsili, ottimo conoscitore di quel paese. Il suo libro *La Turchia bussa alla porta* (Università Bocconi editore, 2011) è un testo di grande profondità nel quale si ritrovano molte delle contraddizioni dell'attuale regime. L'Erdoğan di allora ci sembrò soprattutto preoccupato di poter entrare in Europa, riteneva l'attesa lunga e insopportabile e le carte della Turchia assolutamente adeguate all'ammissione. Ebbe parole di apprezzamento nei confronti di Berlusconi, dicendo che gli scandali italiani e le vicende personali del premier non gli sembravano così gravi. Erdoğan insistette molto sulla laicità dello Stato, sull'eredità di Atatürk e spinse perché andassimo a visitare il mausoleo Anıtkabir, dedicato al fondatore della Turchia moderna. Cosa che facemmo. Una visita interessante, consigliabile, nella quale non si può non rimanere colpiti dalla cura con cui sono conservati gli oggetti personali, tutti occidentali, di Atatürk.

Nel novembre del 2014, con Franco Venturini, si presentò l'opportunità di fare la prima intervista al nuovo leader egiziano, Abdel Fattah al-Sisi. Un militare che aveva deposto e fatto processare, insieme a migliaia di Fratelli Musulmani, il suo predecessore – peraltro democraticamente eletto – Mohamed Morsi. Al-Sisi, che era in procinto di venire in Italia e di incontrare il premier Renzi, disse che aveva riportato la normalità nelle piazze usando la forza. "Abbiamo solo reagito nell'interesse generale dell'Egitto e con il consenso della popolazione." Parlò a lungo anche della Libia e della necessità di riportare l'ordine a Tripoli, fece interessanti aperture a Israele. L'attesa nel palazzo di Heliopolis al Cairo fu lunga e snervante. Gli uomini della sicurezza ci sequestrarono tutto, anche i registratori. E dunque prendemmo solo appunti. Franco Venturini fu come sempre esemplare nella serietà e nella precisione delle domande. Non si tralasciava nulla, in particolare il tema dei diritti umani. Non abbiamo mai accettato di togliere domande scomode. Ci è stato chiesto, ma non lo abbiamo mai fatto. Le risposte, a volte, erano totalmente elusive. Ma le domande sono sempre state fatte. Tutte.

Durante l'attesa nel palazzo presidenziale, notammo un andirivieni di telecamere e cominciammo a pensare che la nostra intervista non fosse in esclusiva. Temevamo ci fosse la RAI, invece si trattava di una televisione francese. Il ruolo del nostro ambasciatore al Cairo, Maurizio Massari, fu estremamente utile nell'accreditarci presso il nuovo governo. Massari sarà poi promosso rappresentante diplomatico dell'Italia in Europa a Bruxelles. L'intervista alla televisione francese fu anticipata in Italia da “Repubblica”. La tentazione con Venturini fu quella di lasciar perdere. Di rinunciare alla nostra. Poi, rileggendola, ci dicemmo che era molto buona, articolata, sincera, diretta su alcuni temi scomodi. I colleghi francesi erano stati molto più superficiali.

Ritratti

Carlo Maria Martini

Non dimenticherò mai lo sguardo dolce, ma ormai desolatamente spento, del cardinale Martini, l'ultima volta che lo incontrai. Era salito su un'auto guidata dal suo assistente, don Damiano Modena, nel cortile interno di via Solferino, la sede del "Corriere". Lo salutammo emozionati, ormai certi che avrebbe avuto davanti a sé poco tempo. La malattia lo aveva sfibrato. Non aveva più voce. Si esprimeva con un sibilo, un rantolo. Toccava a don Damiano dare corpo ai suoi pensieri, in qualche modo doppiarlo. Era il 19 giugno del 2012. L'ex arcivescovo di Milano sarebbe morto il 31 agosto dello stesso anno. Martini aveva voluto congedarsi dal "Corriere", il giornale con il quale aveva collaborato per tre anni, chiedendo di partecipare alla riunione di redazione del mattino.

La rubrica che aveva accettato di tenere con mia grande gioia (ma con un certo disappunto della curia romana) aveva una cadenza mensile. Gli costava una enorme fatica. Lo sapevamo e questo ci procurava un grande disagio.

Perché Martini voleva rispondere, anche privatamente, ai tanti che gli scrivevano. Assistette a tutta la riunione del mattino e s'interessò agli argomenti che il giornale avrebbe trattato nell'edizione online e in quella cartacea del giorno dopo. Il giornalismo era la sua passione. Un mestiere che avrebbe voluto fare. Pochi mesi dopo la sua morte andai a Torino a casa della sorella Maris che mi affidò – e lo lessi con emozione – il giornalino scolastico che il giovane Carlo Maria si era fatto, tutto da solo, illustrazioni comprese. Quattro pagine scritte con ordine, in diversi colori.

Oltre a questo ricordo, conservo a casa un regalo prezioso. Una piccola icona che il cardinale mi ha lasciato in eredità, consegnatami da don Damiano Modena. Ho scritto molto del mio rapporto con Martini. Non ripeterò cose conosciute. Ma credo di poter dire, o meglio confessare in questa occasione, che debbo a lui un tormentato percorso di riavvicinamento alla fede. Nella nostra società, così immiserita nella sua patologica pulsione materiale, vi è una sotterranea e disperata ricerca di senso. Un vuoto di contenuti spirituali che, a volte, risulta insopportabile. Ed esiste un momento, nella vita di ciascuno di noi, nel quale non ci si può sottrarre a un esame di coscienza, non si può pensare di "non avere," come diceva Giovanni Papini da ex ateo convinto, "la pietra di una certezza sulla quale posare il capo".

Un pensatore di origine ebraica, Paolo De Benedetti, che ho molto apprezzato, scomparso di recente, ricordava nella *Memoria di Dio* (La compagnia della stampa, 2012), la presenza nell'antico tempio degli "svegliatori", figure in seguito abolite. Avevano il compito di risvegliare le coscienze e, nelle parole di De Benedetti, svegliare persino Dio. Perché anche Dio, nella tradizione talmudica, si può addormentare. E con Dio un ebreo ci può pure litigare. Ora credo che Martini sia stato uno "svegliatore" contemporaneo, anche della Chiesa. Un padre che ha saputo sedersi accanto a noi, comprendere i nostri dubbi e le nostre paure, e parlarci senza pregiudizi. Premuroso nell'avvolgerci nel suo mantello. Martini non cessò mai, nella sua opera pastorale, di andare incontro al prossimo, al non credente, all'ateo, a chi professava una religione diversa. Ha toccato molti occhi, molte lingue – come fa Gesù nella guarigione del sordomuto – per consentirci di comunicare con l'altro, riconoscendolo come parte attiva della nostra comunità. E sono fortunati tutti coloro che sono stati ammessi alla sua mensa di fede e saggezza. E hanno trovato la figura austera e, nello stesso tempo, bonaria di un padre. Io per primo.

Martini nelle *Conversazioni notturne a Gerusalemme* (Mondadori, 2008) risponde alle domande di un altro gesuita, Georg Sporschill. Ho conosciuto Sporschill, grazie a don Giuseppe Grampa, parroco di San Giovanni in Laterano a Milano, la mia parrocchia. Nella Romania di Ceauşescu, il padre gesuita ha salvato i ragazzi che abitavano nelle fogne di Bucarest e combattevano la fame sniffando colla. Martini confida a Sporschill che anche lui qualche dubbio sulla fede lo ha avuto. "Siamo tutti come il fariseo Simone che ha bisogno di essere rimproverato da Gesù," disse da arcivescovo appena insediato, andando a visitare il carcere di San Vittore.

Il cardinale, nella sua ultima intervista – parlando ancora con Sporschill – noterà con amarezza che la Chiesa è rimasta indietro duecento anni rispetto all'incedere della modernità. Un'iperbole che ha lasciato il segno. Nella sua prima omelia come arcivescovo di Milano s'ispirò alla pagina evangelica nella quale Gesù dice a Simone di prendere il largo e gettare le reti. "Maestro, abbiamo faticato tutta la notte e non abbiamo preso nulla, ma sulla tua parola getterò le reti." Ecco la condizione dell'uomo contemporaneo. La Chiesa di Martini è minoritaria, umile, si nutre di dubbi. Non lascia indietro nessuno. E, pensandoci bene, questo è un gesto assolutamente rivoluzionario, peraltro la sostanza intima della misericordia riscoperta da un altro gesuita come papa Francesco.

Quando andai a Gerusalemme a intervistare Sharon, ne abbiamo già parlato, telefonai a Martini e gli chiesi di andarlo a trovare. Lui era ospite, in quel periodo, dell'istituto biblico, la cui sede è a pochi passi dallo storico hotel King David dove alloggiavo io insieme ad Antonio Ferrari. "Le manderò suor Germana a prenderla," mi disse al telefono il cardinale. Aspettai a lungo nella hall del King David ma non vidi nessuna suora. Solo una signora anziana, vestita con un elegante tailleur, che appariva impacciata. Dopo un po' di tempo che mi stava fissando si avvicinò e mi disse: "Lei è il giornalista de Bortoli?" Era suor Germana. In quel tardo pomeriggio invernale all'istituto biblico non c'era nessuno. Neanche un guardiano. Il cardinale mi aprì il portone principale. Aveva in mano un gigantesco mazzo di chiavi, che maneggiava a fatica. Per accedere a un salottino per gli ospiti, fu costretto a provare decine di chiavi. "Questa no, nemmeno questa..." La conversazione fu lunga e un po' notturna. Indimenticabile. Il cardinale voleva sapere tutto di Milano, del "Corriere". Aveva deciso che dopo essere stato messo in pensione avrebbe passato tutta la sua vecchiaia a Gerusalemme, come aveva peraltro scritto diverse volte. Ma avvertii un certo disagio che mi era stato confidato anche da suor Germana. Martini si sentiva un ospite poco tollerato sia dagli israeliani – proprio lui che con il mondo ebraico aveva rapporti stretti e amichevoli e non soltanto con il rabbino capo di Milano, Laras – sia dallo stesso patriarcato cattolico. Mi confidò, un po' divertito, che all'aeroporto di Fiumicino lo avevano sottoposto – succede a tutti i viaggiatori – a una sorta di interrogatorio. "Lei che mestiere fa?" "Il cardinale." "Dove?" "A Milano, ma ora sono in pensione." "E c'è qualcuno che può testimoniare che lei è effettivamente un cardinale?" Preso dallo sconforto, Martini si ricordò di aver cenato poche sere prima con l'ambasciatore israeliano e diede il numero di telefono del suo conoscente allo zelante uomo della sicurezza della compagnia aerea israeliana El Al. Insomma, la mia sensazione, quel giorno, mentre parlavamo ormai al buio, in un istituto biblico tristemente deserto, fu che Gerusalemme fosse stata anche fonte di delusione, che il cardinale provasse un inaspettato senso di estraneità. Proprio nella città eterna.

Il Martini pastore – capace di restituire a una società volgarmente materializzata un briciolo di spiritualità – il gesuita innovatore, trasformatosi in un testimone civile, risalta nei tanti libri, nelle biografie a lui dedicate. Cito soprattutto quella di Marco Garzonio (*Il profeta*, Mondadori, 2012) che lo seguì da cronista – e io qualche volta con lui – fin dal primo momento in cui apparve, sconosciuto biblista, professore algido e distante, nelle vie di Milano in una domenica piovosa dell'inverno del 1980. Ma anche il testo di Aldo Maria Valli (*Storia di un uomo*, Ancora, 2011) è di grande efficacia. Individua tre dimensioni della figura di Martini, quella spirituale, quella intellettuale e quella esperienziale. Il dialogo sui confini della bioetica, sul testamento biologico, sulla possibilità di rifiutare l'accanimento terapeutico (come fece peraltro lui ormai devastato dal male) lo ha visto protagonista coraggioso. Ricordo che il suo assistente don Gianni Zappa, quando dirigevo "Il Sole 24 Ore", mi offrì un testo che il cardinale desiderava uscisse sul supplemento culturale. Con Riccardo Chiaberge, allora responsabile della "Domenica", lo intitolammo *Io, Welby e la morte*. Uscì il 21 gennaio 2007. Alla vigilia dei suoi ottant'anni, Martini chiariva che l'eutanasia non andava confusa con il rifiuto dell'accanimento terapeutico e non doveva essere trascurata la volontà del malato. "Evitando l'accanimento terapeutico non si vuole procurare la morte, si accetta di non poterla impedire." Un testo di grandissimo valore. Piergiorgio Welby, malato di distrofia muscolare, aveva chiesto la sospensione delle terapie. La Chiesa gli aveva negato il funerale religioso (a DJ Fabo, Fabiano Antoniani, che ha scelto di morire in Svizzera, è stato dedicato un momento di preghiera nella sua parrocchia milanese). Martini soffrì, come Giovanni Paolo II, del morbo di Parkinson. "Le nuove tecnologie," scriveva Martini, "che permettono interventi sempre più efficaci sul corpo umano richiedono un supplemento di saggezza per non prolungare i trattamenti quando ormai non giovano più alla persona." Don Damiano ricorda che, dopo quell'articolo sul "Sole", un confratello lo avvicinò e gli disse: "Di' al tuo amico cardinale di farsi gli affari suoi e non scrivere più su cose di cui non è competente."

Nel suo libro *Le età della vita* (Mondadori, 2010), Martini cita un proverbio indiano che divide l'esistenza umana in quattro fasi. Nella prima si studia, nella seconda s'insegna, nella terza si riflette. E nella quarta... s'impara a mendicare. Il mendicante Martini è accanto, con la sua umiltà, a chiunque di noi si ponga interrogativi sul senso della vita. Ed è stato un grande privilegio poter fare un tratto di cammino, seppur piccolo, accanto a lui.

Giovanni Paolo II, Benedetto XVI, Francesco

Gli articoli che seguono sono dedicati ai tre papi che ho conosciuto. L'incontro con Giovanni Paolo II il 22 dicembre 2000 fu per pochi attimi, in sala Nervi, con Ernesto Olivero. Ho avuto però il privilegio di essere l'editore, come amministratore delegato della RCS Libri, del suo ultimo libro *Memoria e identità* (Rizzoli, 2005), pubblicato grazie ai buoni uffici di Joaquín Navarro-Valls. Il libro venne poi presentato dal cardinale Joseph Ratzinger poche settimane prima di essere eletto papa. Benedetto XVI mi ricevette, insieme ai vertici del "Sole 24 Ore", il 26 novembre 2008. L'intervista a Francesco, un anno dopo la sua elezione, è stata pubblicata dal "Corriere della Sera" il 5 marzo del 2014.

Giovanni Paolo II[*]

L'ultima grande eredità di un papa che ha cambiato la storia è un messaggio personale per ciascuno di noi. Non importa se cattolico o laico: solo cittadino del mondo.

Una delle tante immagini di ventisette anni di papato è quella del Santo Padre che infila un foglio con una richiesta di perdono nel Muro del pianto a Gerusalemme (... e di Sion si dirà questi e quello sono nati in essa).

Indimenticabile. Come tanti altri episodi di un lungo apostolato che ha mutato in profondità il corso degli eventi: dal crollo del Muro al dialogo interreligioso. Il messaggio personale è idealmente compiegato nelle fessure del nostro smarrimento laico o nelle ferite doloranti di chi crede. Un biglietto privato in un'agonia pubblica. Come se a quel capezzale fossimo tutti presenti. Un'agonia trasparente e globale. Straziante ma serena: quasi piena di vita. Nelle sue ultime ore, il pontefice ha chiesto che gli venissero letti i passi della Via Crucis. Come ogni venerdì. Un Calvario interminabile: le stazioni di Giovanni Paolo II sono state più numerose di quelle del Vangelo che ci ricorda come l'intera vicenda umana sia "storia di sofferenze", come "tutta la vita di Cristo è croce e martirio".

E il papa ha voluto, fino all'ultimo, sostenere il peso

* Pubblicato sul "Sole 24 Ore" il 2 aprile 2005.

della croce della propria malattia e l'onere del suo sacerdozio, senza che la medicina alterasse, al di là del necessario, il naturale corso biologico. Ha rifiutato il ricovero al Gemelli, lasciando intatta (ultimo scandalo?), nel suo disegno originario, la linea sottile fra la vita e la morte; quel confine incerto, sul quale, nelle stesse ore, il mondo discuteva animatamente, dividendosi fra scienza e fede. Ha rincuorato chi lo assisteva infondendogli coraggio e speranza.

Sentimenti racchiusi nel biglietto che idealmente ci affida, insegnandoci che "la libertà più profonda è fatta di sacrifici e di offerte nascoste". Non abbiate paura della morte, sembra l'ultima parola di un papa che non riuscì, nell'immagine più recente e dolorosa che ricordiamo, neppure a parlare. Un padre che addirittura ci lascia nel paradosso di essere lui a confortare i suoi figli rimasti soli e disorientati.

Il biglietto è nelle mura delle nostre case, tra le mani di credenti e non, ai quali resta la grande responsabilità di non perdersi o di addormentarsi come in un moderno Getsemani.

*Benedetto XVI**

Sorprendendo anche i suoi stretti collaboratori, Benedetto XVI ha deciso di lasciare la cattedra di Pietro. E ha

* Pubblicato sul "Corriere della Sera" il 12 febbraio 2013.

impresso, all'apparenza, una svolta di grande modernità alla Chiesa. L'equivalente di una riforma conciliare. Da credenti vorremmo tanto pensare, nella tristezza dell'occasione, che questa sia l'interpretazione più corretta. Al papato che si concluderà a fine del febbraio 2013 la Storia assegnerà un posto di rilievo. Di straordinaria levatura è stato l'insegnamento teologico; di grande autorevolezza la difesa dell'identità cattolica; di infinita profondità culturale e umana la testimonianza pastorale. La Chiesa ha avviato con Benedetto XVI un'essenziale opera di trasparenza e pulizia. Il coraggio non è mancato, così le amarezze e i tradimenti. Il gesto del papa è sintomo di estremo senso di responsabilità, esprime un amore per la dimensione spirituale e autentica della Chiesa che resterà nelle menti e nei cuori. È frutto della consapevolezza che occorra una guida più giovane, non indebolita dall'età, capace di affrontare le sfide di una secolarizzazione dai tratti selvaggi. È la dimostrazione di una forza morale esemplare. Ma anche il segno, purtroppo, della intrinseca ed evidente debolezza politica del successore di Wojtyła.

Le dimissioni sono la conseguenza di un tormento interiore. E il precipitato del carattere. Umile, schivo, più avvezzo a chinarsi sui libri che a discutere degli affari di stato o delle spinose questioni della cattolicità in trincea. Un combattente dell'anima, una luce che illumina la Parola (solo un grande teologo poteva trovare il coraggio di dimettersi), non un condottiero della fede. Così diverso dal suo predecessore, prorompente anche nella fisicità (ma quando salì al soglio aveva appena 58 anni), che decise di morire sul Calvario della malattia.

Le precarie condizioni di salute sono state una componente decisiva nell'accelerare le dimissioni. Certo. Gli impegni di un pontefice sono massacranti. E oggi è impensabile un successore di Pietro che appaia in veste solenne solo qualche volta l'anno o mascheri in lontananza le proprie condizioni fisiche. Ma il senso di solitudine deve essere stato devastante. Il papa si è sentito ed è stato lasciato solo. Sofferente e piegato dall'età, ha compiuto un atto di perfetta coerenza con il suo pensiero e con le sue attitudini di studioso, un atto forse anticipato da quel pallio lasciato nel 2009 sulla tomba di Celestino V, ma certamente incoraggiato dalla insensibilità di una curia che anziché confortarlo e sorreggerlo è apparsa, in diversi suoi esponenti, più impegnata in giochi di potere e lotte fratricide. E Benedetto XVI, azzardiamo una interpretazione, non potendola rinnovare in profondità come avrebbe voluto, ha affidato il compito al proprio successore. La Chiesa popolare, che vive il Vangelo della quotidianità, e l'intera società sperano che la scelta del nuovo vicario di Cristo sia conseguente alla grandezza di un gesto profetico e rivoluzionario.

Papa Francesco[*]

Amoris Laetitia, l'esortazione papale sulla famiglia, non è un freddo e distaccato distillato della dottrina della Chiesa. Né un documento di sintesi fra posizioni diverse destinato a essere discusso solo da esperti e teologi nell'interesse tiepido o timoroso dei fedeli. È il frutto, straordinario anche per laici e agnostici, non solo di un lungo processo sinodale, ma di una consultazione che ha coinvolto, attraverso l'invio di due questionari, le diocesi di tutto il mondo. Il papa, monarca assoluto, ha ascoltato idealmente tutto il suo popolo sui temi più delicati della famiglia, della sessualità, del genere. E poi ne ha tratto le conclusioni, senza però agire da notaio dei diversi orientamenti cardinalizi e senza curarsi troppo dei veleni prodotti da indiscrezioni pilotate e retroscena montati ad arte. Francesco non si è piegato al mutare dei costumi secolari. Anzi, il suo capolavoro tattico è aver scosso l'albero inaridito delle consuetudini pastorali, una certa dimensione rituale e stanca del vivere cristiano, senza toccare i fondamentali. Non vi è alcuna riforma costituzionale, ma un profondo ripensamento dell'agire quotidiano, anche e soprattutto del clero, alla luce di una lettura contemporanea del Vangelo.

La dottrina è intatta, ma non viene impugnata – com'era accaduto al tempo dei valori non negoziabili su bioetica

* Pubblicato sul "Corriere del Ticino" il 13 aprile 2016.

e morale – alla stregua di uno scudo dietro il quale chiamare a raccolta un esercito di resistenti ecclesiali. La critica all'ideologia gender "che svuota la base antropologica della famiglia" è severa. Il tratto pastorale del pontefice, specie nell'anno della misericordia, è quello di allargare le braccia e accogliere chiunque, superando alcune storiche forme di esclusione. In sintesi estrema: la Chiesa non abbandona nessuno. Un'affermazione di principio che ha un tono quietamente rivoluzionario. Un'espressione coraggiosa, e di rottura, che scuote sicurezze e amnesie in un mondo contemporaneo in cui gli ultimi sono sempre più trattati come scarti e gli odi religiosi alimentano guerre e scatenano persecuzioni.

I verbi più importanti di *Amoris Laetitia* sono "accompagnare, discernere, integrare". Monsignor Vincenzo Paglia, presidente del Pontificio della famiglia, ha trovato in una intervista all'"Avvenire" una sintesi felice: "Il matrimonio è indissolubile ma il legame della Chiesa con i suoi figli lo è ancora di più." I divorziati e i risposati escono da un pluriennale stato di emarginazione e sospetto. Potranno essere riammessi all'eucarestia, "non un premio per i perfetti ma un generoso rimedio e alimento per i deboli" perché "nessuno può essere condannato per sempre".

L'esortazione affronta molte di quelle che il testo definisce "situazioni irregolari". Quando era arcivescovo di Buenos Aires, Bergoglio rimproverò i parroci che non battezzavano i figli delle ragazze madri. Bisogna "comprendere, consolare, integrare, evitando di imporre loro una serie di norme come se fossero delle pietre, ottenendo con ciò l'effetto di farle sentire giudicate e abbandonate". Il documento papale è attento ai diritti e al ruolo delle donne, vittime di "non ancora del tutto sradicati costumi inaccettabili", bersaglio di "violenza verbale, fisica e sessuale", anche all'interno dell'unione coniugale.

L'eros è un dono. La dimensione erotica completa l'amore e non va vissuta, in una coppia, con alcun senso di colpa. L'importanza dell'educazione sessuale, soprattutto degli adolescenti, era stata sollevata come una priorità pastorale già ai tempi del concilio. Affiora nell'esortazione un'autocritica, forse insufficiente. Il riconoscimento della varietà delle situazioni familiari non si spinge a riconoscere le unioni gay, ma "ogni persona, indipendentemente dal proprio orientamento sessuale, va rispettata nella sua dignità e accolta con rispetto".

Amoris Laetitia è un testo coraggioso anche nelle parti in cui un lettore laico lo avrebbe voluto più aperto. Una lettura che pone al centro la famiglia (e anche quella cattolica è tutt'altro che perfetta) e la persona, accettata in ogni sua moderna contraddizione. Non giudica, evita "ogni marchio di ingiusta discriminazione". Non predica da un altare paludato, ma si offre all'ascolto e incoraggia il "discernimento". Come se il papa fosse sceso in strada e avesse parlato con chiunque, ascoltando pene e turbamenti. Apre le porte a tutti, senza richiedere avvilenti percorsi penitenziali. Non è poco per una istituzione millenaria afflitta dalla sindrome dell'emarginazione nelle società più evolute. L'esortazione di Francesco è un soffio d'aria fresca anche per chi non crede. Spetterà ai vescovi e ai sacerdoti sparsi nel mondo dare esecuzione, caso per caso, a un pensiero così alto e limpido. Percorso impegnativo. Con la speranza (virtù teologale) che anche nella Chiesa il federalismo delle buone intenzioni non sia prosciugato dal deserto della quotidianità.

Umberto Veronesi*

Non c'è titolo che possa riassumere la vita di Umberto, o meglio le vite di Umberto. *Confesso che ho vissuto* di Pablo Neruda potrebbe andar bene. Ma non nei contenuti. Umberto non era un uomo di facili malinconie, di solitudini ricercate. Non ricordo di averlo mai visto corrucciato o seccato per qualcosa. Eppure era personaggio pubblico assediato di richieste, a volte moleste. Non diceva quasi mai di no, aveva una parola per tutti. In tanti anni di amicizia, abbiamo condiviso molti momenti. Non sempre, purtroppo, piacevoli. Non so quante persone, amici e colleghi, gli ho segnalato perché li visitasse. Lui c'era sempre. Anche la sera tardi. Anche la domenica. Instancabile. Persino troppo generoso nel trovare parole non banali per convincere, con il sorriso sulle labbra, che la scoperta di una malattia non è un freddo addio anticipato alla vita. E anche quando la

* Prefazione a Umberto Veronesi, Alain Elkann, *Essere laico*, Bompiani, 2007.

speranza è solo un filo sottile, quasi invisibile, c'è ancora un tratto dell'esistenza che merita di essere vissuto con intensità e gioia. Con rinnovata spensieratezza.

Umberto faceva parte – e io con lui – di un club milanese, il club del venerdì, che riunisce una trentina di personaggi cittadini di varia estrazione. Il giorno in cui decidemmo di festeggiarlo per i suoi novant'anni Umberto non c'era. Non se la sentiva di farsi vedere piegato dal male. Quel male che lui stesso aveva combattuto negli altri, migliaia di pazienti, a fronte alta e cuore aperto. Ecco, quel giorno, era come se ci guardasse senza sorridere, come fosse presente in un angolo con la testa reclinata. Non volevamo rendercene conto. Ma forse Umberto, quel venerdì, cominciava il suo lungo addio alla vita. Moriva un po'. In un'occasione di poco precedente, però, ci aveva sorpresi con uno dei libri a sua firma nel quale raccoglieva le recensioni dei film della sua vita. Un volume sorprendente. Con tutto quello che aveva da fare, anche la sera tardi, appena tornato a casa dal cinema (non era della generazione *on demand*) si metteva alla scrivania per buttare giù non qualche impressione disordinata, ma recensioni strutturate. Da critico. O meglio da amante delle opere di bellezza e ingegno.

Veronesi è stato un vero amante della vita. Nel suo complesso. E non solo nella declinazione femminile. Un mondo di sensazioni e affetti dal quale è stato attratto. E felicemente catturato. Non conosceva né la fatica, né la noia. Il tempo era per lui infinito. Ed è giusto così. C'è sempre tempo per attività per le quali si ha passione e competenza. L'agenda giornaliera non era mai un limite, tantomeno una costrizione. Gli altri, il prossimo, non costituivano un intralcio. Erano tutti benvenuti, erano tutti parte di un universo da scoprire. Era come se avesse sempre le braccia spalancate, in un ideale abbraccio collettivo. In questo – ma forse mi fa difetto il mio essere cattolico – io vedevo un'interpretazione, del tutto personale, della misericordia. Umberto ha avuto passione e misericordia in proporzioni inconsuete. E non ha mai provato alcun fastidio o sazietà.

Il dialogo con Alain Elkann *Essere laico* conserva una sorprendente attualità. È un piccolo classico. Umberto non aveva una fede religiosa, ma credeva molto nelle virtù laiche, nella forza di volontà dei principi, nella libertà delle scienza come fattore indispensabile per costruire una società moderna, aperta ai diritti. Ha combattuto tutta la vita l'oscurantismo, anche di derivazione cattolica, il proliferare di credenze diffuse dalle tecnologie di rete. È stato uno scienziato umanista che negava, ovviamente, l'esistenza dell'anima, ma mostrava nei confronti della religione curiosità e rispetto. Un laico convinto ma non un duro laicista. Non respingeva l'idea di qualche forma di disegno soprannaturale. Ne era affascinato forse più per ragioni intellettuali. Altrimenti non avrebbe divorato testi religiosi e studiato in profondità per esempio l'islam. Ricordo una cena nella quale ci sorprese tutti mostrando una grande conoscenza delle sure in cui è diviso il Corano. Rimanemmo sbalorditi perché non sapeva solo quelle più note e, diciamo così, un po' violente nei confronti degli infedeli, ovvero cristiani ed ebrei.

L'immortalità per Veronesi era la proiezione illuministica della ragione e delle conoscenze, la potenza della mente umana. Ma era anche nelle eredità morali e nelle testimonianze civili. Un buon esempio germoglia all'infinito. Dal colloquio con Elkann, che lo incalza con il suo proverbiale garbo, rileggiamo alcuni tratti della sua biografia. L'infanzia non facile. Le ferite della guerra. La cascina poi fagocitata dalla città, dalla Milano del dopoguerra di cui sarà protagonista e simbolo. Doveva esserne anche il sindaco. Giuliano Amato fece il suo nome nella campagna elettorale che poi avrebbe portato a palazzo Marino Letizia Moratti. Ma il mite Umberto fu subito azzoppato dalle residue antipatie della sinistra per i personaggi che come lui avevano creduto nel riformatore Craxi. Veronesi perse il padre quando era giovanissimo. La riconoscenza e l'affetto per la madre sono sentimenti limpidi. La fede si affievolisce presto, come accade a tanti coetanei. Ateo? No, agnostico. "La consapevolezza che siamo semplicemente animali molto evoluti con un cervello che si è straordinariamente sviluppato." E poi il lavoro, la passione del medico e dello scienziato. “Volevo fare lo psichiatra ma poi mi sono imbattuto in un male ancora peggiore: il cancro.” E il nemico di una intera vita, contro il quale avrebbe ingaggiato un duello interminabile, ha trasformato un pessimo, parole sue, studente liceale in un bravissimo universitario. E la futura professione di medico, in una missione, in una lunga crociata. Sì, c’era qualcosa di religioso nella battaglia senza quartiere che Umberto aveva sferrato contro il male, confidando in una vittoria finale che lui aveva promesso ma non ha visto. La sua fede nella scienza era assoluta, quasi soprannaturale.

Io credo che molti pazienti di Umberto siano stati aiutati a guarire dalla grande abilità dell’oncologo e dei suoi collaboratori, ma anche dall’umanità del tratto, dalla bellezza dell’incontro, dal rispetto olistico per la persona, così raro in specialisti tanto bravi quanto concentrati solo sui sintomi delle malattie. Nei racconti di molti suoi pazienti si coglie, oltre all’immensa gratitudine, la consapevolezza che un tratto di strada per la guarigione è stato compiuto grazie al sostegno umano e alla qualità della relazione con il medico curante. Le lacrime del sindaco Giuseppe Sala, durante il funerale laico, ne sono una testimonianza. Una delle tante. Un grande scrittore come Tiziano Terzani, che vagò nel suo orientalismo lungo i percorsi della medicina alternativa prima di approdare alle cure occidentali, alla medicina tradizionale, diceva che “dentro di noi c’è un medico, basta scoprirlo". Umberto lo sapeva evocare quel medico invisibile, fatto di ferrea volontà di sopravvivenza, che sta dentro ognuno di noi. Era un suo prezioso assistente. Una sorta di angelo laico. Ma anche qui, c'è una questione di fede. Forte. Una fede nella vita. E non è poco.

Indro Montanelli*

L'ultimo articolo è stato un necrologio: il suo. E l'ultima Stanza è stata la 610 della clinica Madonnina di Milano. Indro Montanelli ci ha lasciato, debilitato per i postumi di una delicata operazione chirurgica. Aveva 92 anni, ormai pesava, lui così alto, 46 chili. È stato circondato dall'affetto straordinario della nipote Letizia e della compagna Marisa e da cure premurose e amorevoli. Dopo aver trascorso una vita lunga quasi un secolo, con il coraggio della libertà e lo spirito ribelle del testimone indipendente, avrebbe voluto, coerentemente con le sue idee, scegliere come morire. Non è stato possibile. Ma il caso (o un'altra mano?, anche il laico Montanelli qualche volta ci pensava) ha fatto sì che non ci fosse alcun accanimento terapeutico. Meglio così, direbbe Indro, che al pensiero dell'eutanasia, sua ultima e civile battaglia, non aveva mai rinunciato. Ieri mattina il direttore di questo giornale, in quella stanza non del "Corriere", lo

* Pubblicato sul "Corriere della Sera" il 23 luglio 2001.

ha chiamato, prendendogli una mano ormai rinsecchita: non rispondeva più. Anticonformista fino all'ultimo, Montanelli ha lasciato un'epigrafe. Il suo necrologio, il commiato con i lettori del "Corriere", giornale nel quale cominciò a lavorare nel 1937. Scritto, meglio dettato, nella notte fra martedì e mercoledì. Breve, chiaro, perentorio, come era nel suo carattere. E, come vedi, caro Indro, come ogni tuo pezzo, non "gira", resta tutto in prima pagina.

L'amore per la vita, vissuta anche da anziano con lo slancio e la generosità d'animo di un giovane e anche con qualche residua ingenuità, lo portava a parlare spesso della morte. Forse per sfidarla in un duello dall'esito scontato, forse per conoscerla meglio dopo averla assaggiata nei momenti di depressione, forse per liberarsi dall'incubo della claustrofobia. Vorremmo dire, da colleghi, per intervistarla, guardandola in faccia. Con la solita impertinenza.

Un giorno a colazione nella sua casa milanese, era il 27 aprile, mi parlò della sua lunga e anche felice vecchiaia. "Vedi, è fatta a gradini. Magari ti capita per tanto tempo di non farne più e ti dimentichi di essere condannato a scenderla, quella scala..." Lo diceva sorridendo, il tempo fuori era bello. Spezzò una sigaretta, sorseggiò il caffè. Quel giorno aveva addirittura mangiato più della consueta razione da scricciolo. Sul ponteggio della casa in ristrutturazione passò all'improvviso un operaio. Guardò dentro, lo riconobbe e lo salutò. Noi ci mettemmo a ridere. Di gusto. Poi riprese: "E in questi giorni ho disceso un altro gradino, credo l'ultimo. Sai, uso il bastone anche in casa e sono caduto due volte. Quello che non accetterei mai è una vita dimezzata. Sento che la testa è a posto, le gambe non più. Il corpo si separa da me, lentamente. Io ho paura di morire ma non ho paura della morte. C'è una differenza, anche se sottile." Era l'ultimo gradino. Addio Indro, il Novecento, il tuo secolo, ora è davvero finito.

Enzo Biagi

Quando scoppiò lo scandalo P2, io ero un giovane redattore dell'Economia del "Corriere". Il 21 maggio 1981 il governo Forlani fu costretto a rendere pubblico l'elenco degli affiliati alla loggia massonica di Licio Gelli. La riunione di redazione del mattino, in via Solferino, ebbe uno svolgimento lunare. Sospesa tra l'imbarazzo, il dolore e il senso del dovere. Una finta normalità. Il direttore Franco Di Bella chiese al capo del "politico" Antonio Padellaro, al telefono da Roma, chi mai ci fosse in quella lista. "Ci sei anche tu, direttore." Silenzio, gelo. All'assemblea dei redattori, Di Bella fece un discorso tutto di orgoglio per le battaglie condotte dal giornale. E ne aveva motivo. Ma non ci raccontò la verità sul suo coinvolgimento personale, credo avvenuto per disciplina aziendale. In ogni caso, grave. Venne applaudito. Anche da me. E mi domando ancora oggi perché lo abbia applaudito.

Enzo Biagi assistette al suo discorso in un angolo della sala Albertini. Al termine, quando i colleghi sciamavano con lo sguardo perso, fui testimone di un drammatico scambio con il capo storico del sindacato, Raffaele Fiengo. Biagi se ne sarebbe andato dal "Corriere", pochi giorni dopo. "Come farà a spiegare tutto quello che è successo," si riferiva a Di Bella, "ai suoi lettori?" Fiengo lo scongiurò di restare, prima di scoppiare a piangere. Una scena che non dimenticherò mai perché in quelle ore sembrava che tutto dovesse finire.

Biagi tornò al "Corriere" sotto la direzione Stille, con Giulio Anselmi e Tino Neirotti vicedirettori e Giorgio Fattori presidente di RCS. All'epoca ero responsabile dell'Economia e le conversazioni si fecero più frequenti. Enzo aveva un atteggiamento paterno verso i suoi collaboratori più giovani – almeno quelli che stimava – ma non era infrequente che perdesse la pazienza. Alternava una bonarietà tutta emiliana – nell'orgoglio delle sue umili origini – alla imprevedibilità caratteriale di una primadonna. Era una firma, era un volto, era una icona della professione. A volte irraggiungibile e distante, spesso amichevolmente premuroso e attento alle vicende personali.

Quando divenni direttore, nel 1997, Biagi era la firma di prima grandezza del giornale. Aveva accettato anche di lasciare un po' di spazio al suo amico e rivale Indro Montanelli. Una convivenza non facile. Indro ricordava con ironia una volta in cui una signora lo aveva fermato per strada a Milano. "Leggo tutti i suoi articoli, stupendi." "Grazie, signora, troppo gentile." "Ma grazie a lei, dottor Biagi." In cuor suo Indro riteneva Enzo "un formidabile battutista". Enzo qualche volta ironizzava sulla eccessiva fertilità della memoria montanelliana. Ma tra i due l'affetto era profondo. Fu Enzo a intervistare Indro, sulla prima pagina del "Corriere" del 3 giugno 1977, quando venne ferito – era allora direttore del "Giornale Nuovo" – dai terroristi rossi.

La gestione di due grandi firme dal carattere non semplice venne agevolata dalla mediazione intelligente di un altro protagonista della migliore stagione del giornalismo italiano, Gaetano Afeltra. Lui era in grado di convincerli e di contenerli. Era il loro capo perfetto. "Un mite prepotente" nella definizione di Indro. Ma di fronte ai grandi fatti, prevaleva, in entrambi, l'indole quasi animalesca del giornalista che si getta sulla preda e non guarda in faccia nessuno. Quando morì Amintore Fanfani, il 20 novembre del 1999, venne naturale chiedere a Indro di commentare l'uomo politico dei tanti ritorni. *Rieccolo, per l'ultima volta*, fu il titolo. Ma Enzo non accettò quel giorno di essere escluso. "Lo fa Indro il ricordo di Fanfani." "No, lo devo fare io." "Ma non possiamo averne due, Enzo." Telefonate che finivano sempre con la minaccia di andarsene a "Repubblica".

Enzo fu generoso con me di consigli preziosi e gesti paterni. Narratore instancabile dei vizi e delle virtù del proprio paese, non smise mai fino all'ultimo di vivere la professione con la curiosità del cronista, con lo spirito di sacrificio dell'inviato che vuole vedere con i propri occhi. A differenza di Indro, che accettava, anche se a malincuore, i limiti della vecchiaia ("Se scrivo una bischerata è colpa tua"), Enzo era, almeno inizialmente, refrattario a consigli e correzioni. Impossibile intervenire sui suoi testi (a volte lo facevamo senza dirglielo). Ma conservò fino all'ultimo una giovanile curiosità e uno straordinario amore per la vita. Nell'orgoglio esibito di fare il lavoro più bello del mondo: il cronista, testimone della storia.

Quando il "Corriere" decise di lanciare alcune edizioni in America Latina dedicate alle comunità di lingua italiana, Enzo venne con me a Caracas e a Buenos Aires. Era la fine di settembre del 1999. Un viaggio faticoso, affrontato con grande disponibilità e voglia di conoscere, persino con spirito umile. Aveva girato il mondo in lungo e in largo ma per lui era sempre una prima volta, una scoperta. Arrivati a Caracas, andammo subito a dormire, stravolti. Poche ore dopo mi chiamò la segreteria del "Corriere". "C'è Biagi al telefono." "Ma come? È qui in albergo con me." Era più semplice per lui passare per l'Italia. "Ferruccio, ce ne andiamo. È un postaccio, non ne posso più." "Ma dobbiamo lanciare l'edizione in Venezuela e poi ci aspettano in Argentina..." La crisi passò in fretta. Al ricevimento all'ambasciata italiana di Caracas, Enzo incantò gli invitati con i suoi racconti e i suoi aneddoti. In grande forma. Il mattino dopo era previsto un volo per Canaima, nella giungla tropicale. Con noi salì sul piccolo aereo anche Francesco Cevasco. "Quanto ci mettiamo?" chiese Enzo. "Non meno di tre ore," rispose il pilota. L'umore cambiò di colpo. Io e Cevasco lo intrattenemmo al meglio. Nemmeno la straordinaria visione della cascata del Salto Angel gli strappò un sorriso. Si sentiva prigioniero. E poi dovevamo tornare, con lo stesso aereo, la sera stessa, a Caracas. Atterraggio sulla pista di terra battuta nel mezzo del parco di una delle più grandi riserve naturali del mondo. Arriva ad accoglierci un signore di mezza età, all'apparenza europeo, calzoni corti, vestiti coloniali. Biagi lo guarda male. Lui si illumina: "Ma lei è Enzo Biagi, che onore." Lo avremmo abbracciato. Enzo trovò il posto magnifico, comprò ogni genere di souvenir e apprezzò persino la cucina. Il viaggio di ritorno passò tra chiacchiere e battute. "E domani si va a Buenos Aires, che viaggio meraviglioso."

Quanto manca Enzo con il suo dolce e impossibile carattere, con la sua incontenibile curiosità per gli altri. L'ultima volta che lo vidi, poco prima della sua morte, gli chiesi banalmente come stava. "Si sta come d'autunno sugli alberi le foglie." Era inimitabile negli attacchi dei pezzi. E nel chiuderli.

Luigi Albertini*

Nei ricordi di Augusto Guido Bianchi, che fu una delle colonne del "Corriere" alla fine dell'Ottocento, l'arrivo di Luigi Albertini al giornale fu accompagnato da sospetti e leggende. Albertini nella primavera del 1896 aveva esordito con una sorta di reportage sulle nozze dello zar, e non era – allora come oggi – così frequente che un neoassunto, per giunta arrivato come segretario di redazione, quindi con una funzione tecnico-amministrativa, venisse mandato da Torelli Viollier su un servizio agognato dai compunti e silenti redattori, non privi però di maliziosi pensieri. In realtà, si trattò di un debutto in tono minore, non di grandissima originalità. E nessuno dei giornalisti del "Corriere" pensava che quel giovane marchigiano, altezzoso e ben vestito, avrebbe fatto una grande carriera. La diffidenza nei suoi confronti era totale. Il fatto che provenisse da una

* Prefazione a Giuseppe De Lucia Lumeno, *Luigi Albertini*, Cantagalli, 2013.

pubblicazione di settore, prestigiosa ma pur sempre minore, risultava un'aggravante insopportabile. Albertini era stato segnalato a Torelli da Luigi Luzzatti, il quale però aveva parlato prima, e a lungo, con un proprietario, il senatore Ernesto De Angeli. E ciò bastava a renderlo antipatico, a farlo apparire espressione di un potere economico odioso e, nella fattispecie, bancario. Quanto di peggio, anche all'epoca. È come se oggi io scegliessi, tra i miei più diretti collaboratori, il responsabile della rivista dell'ABI, l'Associazione bancaria italiana, e gli affidassi l'economia. Mi farebbero a pezzi. Improponibile. Con tutto il rispetto per l'universo, composito e autorevole, della letteratura creditizia che peraltro io non leggo. Insomma, Albertini era un intruso, giovane (aveva ventisei anni), arrogante il tanto che bastava per guadagnargli le ostilità di un mondo, quello giornalistico, che mescola volentieri superficialità e ignoranza. Avessero guardato meglio il suo curriculum non avrebbero avuto nulla da dire: era stato assistente di Cognetti de Martiis all'Università di Torino, aveva già pubblicato un libro con una ricerca sulle otto ore di lavoro, aveva fatto un lungo soggiorno di studio a Londra. Un brillante presuntuoso, arrivista. E vi era una seconda ulteriore aggravante. Venendo al "Corriere", Albertini non aveva rinunciato alla responsabilità della rivista "Credito e cooperazione", che avrebbe tenuto fino al 1989 per poi cederla allo stesso Luzzatti, prezioso collaboratore della sua lunga e storica direzione del “Corriere”. L’esperienza precedente gli fu utile e fu utile anche al “Corriere”. Come segretario di redazione, ovvero come responsabile organizzativo e amministrativo del giornale, si conquistò la fiducia della proprietà e venne chiamato a gestire contratti di fornitura e pubblicitari. Dopo l’allontanamento di Torelli, in seguito alla scelta di De Angeli e Pirelli di imprimere una linea più governativa al giornale, Albertini entrò subito in polemica con il successore Oliva, del quale di lì a pochi anni avrebbe preso il posto.

In una lettera a Torelli (lo chiamava onorevole signor Torelli!) nella quale si dettagliavano tutti i problemi economici del giornale, si evocava la necessità di un’edizione notturna unica, con l’uscita al mattino, e si parlava a lungo della giusta remunerazione del capitale, tra profitto sostenibile e investimenti vitali, emergono a mio giudizio molti degli insegnamenti di Luzzatti. E sullo sfondo si intravede quell’idea di società mutualistica liberale che non ebbe purtroppo grande successo in un paese in cui la storia del movimento cooperativo sarà imperniata nella contrapposizione fra cattolici e socialcomunisti. Un bipolarismo, spesso collusivo, del quale avremmo fatto volentieri a meno. Non sappiamo se Albertini, acquistando poi le carature della proprietà che perderà con l’avvento del fascismo, pensasse all’attività editoriale come a una proprietà diffusa sul modello ideato da Friedrich Raiffeisen per le casse rurali. Di sicuro condivideva l'orientamento di Giacomo Raimondi, liberale illuminato e oppositore interno di Oliva, che il 13 ottobre 1899 in un articolo dal titolo *Le contraddizioni del progresso*, pubblicato sul "Corriere", denunciava come vetusto e antidemocratico l'ordinamento bancario. "Sola, forse, eccezione luminosa," scriveva Raimondi, "è la cassa rurale iniziata dal Wollemborg [seguace italiano di Raiffeisen, *N.d.R.*], ma imitata e inquinata oggi dallo spirito confessionale, che l'ha mutata in strumento di politica, e non certo di una politica favorevole al progresso." L'articolo terminava sostenendo che il socialismo non era altro che una morbosa degenerazione della democrazia. Albertini da liberale autentico, poco incline ai compromessi, autoritario e quasi dispotico nella gestione monocratica di un giornale, riconosceva le virtù della cooperazione e della proprietà diffusa, diffidava della mancanza di gerarchie che assegnassero precisi ruoli e relative responsabilità, ma sapeva che i legami sociali più forti sono frutto di una proprietà condivisa, che può degenerare quando i capi non sono all'altezza del compito, anche morale, loro assegnato e lo spirito solidale e mutualistico anziché accompagnarsi all'efficienza si tramuta in opache complicità. Lezione attuale e non solo per il mondo bancario, cooperativo e non.

Giovanni Spadolini*

Quando Giovanni Spadolini viene nominato direttore del "Corriere", nel 1968, non ha ancora compiuto 43 anni. È abituato a essere sempre il più giovane in tutto, come lo è stato da professore universitario o da editorialista. Ma non lo è da direttore. Torelli-Viollier ne aveva 34 quando fondò il giornale; Luigi Albertini, di cui si sentiva discepolo, 29; Aldo Borelli, che godette per anni della "stabilità", tra virgolette, del fascismo, soltanto 39. Secondo Montanelli, il suo amico Spadolini si sentì *enfant prodige* per tutta la vita. A volte si fermava a *enfant*. Come ho scritto, disse di lui con l'affetto beffardo in cui i toscani sono maestri – e ne abbiamo quotidiane prove – che "saliva le scale di ogni palazzo con l'agilità di una mongolfiera", ma – aggiungeva compiaciuto Indro – arrivava in cima spesso prima degli altri. A noi, studenti e contestatori dell'epoca, Spadolini direttore del "Corriere" sembrava addirittura vetusto, quasi un per-

* Pubblicato in "Nuova Antologia", 4, ottobre-dicembre 2015.

sonaggio ottocentesco. Io mi sono seduto alla sua scrivania – e lo stesso accadde a Mieli e a Folli – quando ero in età leggermente più stagionata. E probabilmente avrei subito, com'è giusto, il mio piccolo e salutare contrappasso se vent'anni fa vi fossero già stati i social network con i loro raffinati dileggiatori.

Mi incuriosisce pensare a quale sarebbe stato il rapporto tra Spadolini e la rete. Le tecnologie non lo entusiasmavano, come le lingue del resto. Scriveva i suoi editoriali, con assoluta scioltezza, ma su piccoli fogli a mano. Con penna balzacchiana. Li consegnava in ordine sparso a scrupolosi tipografi, resi schiavi da una mite prepotenza e incerti sulla successione dei periodi. Io credo che il mio illustre predecessore avrebbe accolto la rivoluzione digitale come una sorta di Quarantotto dell'informazione, ma non come il presagio di un Risorgimento professionale. E non si sarebbe mai piegato ad avere un suo *personal account,* per il semplice motivo che non avrebbe mai accettato di essere seguace di qualcuno. Era un uomo che si compiaceva, quasi fanciullescamente, di avere un uditorio e quindi i *followers* gli sarebbero stati simpatici. Ascoltarsi era un piacere intimo al quale non si sottraeva e ne godeva come della cucina di cui era appassionato amante. Il suo amico Gaetano Afeltra lo portava spesso in un ristorante milanese nel quale si fingeva a dieta, salvo poi assaggiare con voluttà le generose portate ordinate dall'amico (e complice) di una vita.

Spadolini era affabile, affettuoso, ma esercitava l'autorità del direttore alla Albertini, che non dava del tu a nessuno. Durante la sua direzione, Spadolini fece mettere fuori dall'ufficio un semaforo. Il rosso voleva dire che stava telefonando. Il giallo prometteva un'attesa breve. Il verde significava che si poteva bussare e, forse, persino entrare. Il segretario di Giulia Maria Crespi, che gli doveva recapitare la lettera di licenziamento, rimase alcune ore inchiodato al rosso.

Io sono entrato al "Corriere" l'anno dopo la sua uscita, o meglio la sua defenestrazione guatemalteca, nella definizione di Montanelli. Gli incontri e le telefonate sono stati numerosi. Spadolini voleva sapere che cosa avremmo scritto il giorno dopo, ma soprattutto come sarebbe stata trattata una sua dichiarazione, non sempre la più importante della giornata. Mi dava ordini garbati e imperativi, come se fosse ancora seduto nella stanza di Albertini, dalla quale forse in cuor suo non se n'era mai andato. Da noi si faceva chiamare direttore, non presidente. E io penso, o forse mi illudo, che tutto ciò che fece, e bene, come capo del governo, ministro e presidente del senato, non sia stato altro che la prosecuzione dell'incarico a cui aveva aspirato per tutta la vita da quando, giovanissimo, Missiroli lo fece collaborare al giornale.

Gli anni della sua direzione furono intensi e tormentati. Lo accusarono di non aver compreso fino in fondo la portata epocale di alcuni avvenimenti, dalla contestazione studentesca del Sessantotto, alle stragi, ma sugli opposti estremismi ebbe ragione lui, che seppe resistere ("tetragono ai colpi di ventura") agli attacchi di chi avrebbe sostenuto, per molto tempo ancora, che le Brigate rosse erano soltanto "sedicenti". In un celebre articolo del 5 maggio 1968, dal titolo *Guardie rosse e Guardie nere*, intuiva la deriva violenta di movimenti che avevano in comune il rifiuto del parlamento, il disprezzo del sistema democratico, la negazione della storia, l'odio della cosiddetta civiltà del benessere. Fa un po' di tenerezza l'attenzione persino al dettaglio di ogni piccola mutazione della scena politica. Lunghe dissertazioni sulla fragilità dell'unificazione socialista, che avversava, o sui fremiti delle correnti democristiane, pur ammirando l'arte nella mediazione di Moro o il buon senso di Rumor.

Ma alcune sue frasi ci appaiono singolarmente attuali. Per esempio quando parla, riferendosi soprattutto alla DC, di "spietate lotte di potere, ormai sottratte a ogni classificazione ideologica, disancorate da ogni riferimento ai principi, non più destra contro sinistra, non più moderati contro progressisti. Solo spartizioni di cariche, solo e sempre organigrammi di potere". Criticò duramente gli scioperi generali su questioni politiche dell'autunno caldo. Guardò con sospetto la concertazione tra sindacati e governo che svuotava di compiti il parlamento. Disse alla sinistra che legalità e ordine pubblico non potevano essere considerate battaglie di destra. Un equivoco costato caro ai vecchi socialisti negli anni che precedettero il fascismo. Ma, di fronte alle stragi e al terrorismo, sosteneva che si doveva "salvare la libertà con la libertà".

Spadolini innovò e arricchì il giornale. L'elenco delle sue intuizioni giornalistiche non è breve. Chiese a Eugenio Montale di scrivere sulla luna in quell'indimenticabile luglio del 1969. A Goffredo Parise di dar corpo ai suoi *Sillabari*. Chiamò a collaborare al "Corriere" Ennio Flaiano e Leonardo Sciascia, Leo Valiani e Guido Calogero, Giorgio Bassani e Piero Chiara. Fece un giornale aperto a voci diverse, senza dogmi e nessuna ambizione di costituire un partito, diede corpo a dibattiti approfonditi, ad accurate inchieste d'équipe su vari temi. L'avvento delle regioni apparve come l'inizio di una nuova fase costituente, l'alba di una politica di prossimità, vicina ai bisogni della gente. E il "Corriere" si sbagliò. Ma nel fondo dal titolo *Farle bene* del 18 gennaio 1970 mise in guardia dai rischi di una costosa sovrapposizione alle province, che andavano abolite subito. Le regioni dovevano essere "armi di decentramento e non di parassitismo burocratico [...] centri autonomi di vita locale e non centri di potere corruttore e clientelare, esclusivi strumenti di sottogoverno".

Spadolini era un uomo del dialogo. Ma non con tutti e a ogni costo. Le larghe intese non facevano parte del suo vocabolario. Era troppo presto. Il compromesso storico appariva come una insopportabile "collusione clerico-comunista". Spadolini era convinto che il futuro del paese fosse racchiuso nell'incontro proficuo, in particolare tra laici e cattolici, fra persone con valori comuni anche se divise da esperienze contrapposte. Unite in uno slancio patriottico un po' risorgimentale, e forse ingenuo. Un impegno comune, di una classe dirigente moderna, europea e occidentale, sostenuto da un'adeguata etica pubblica e da una forte concezione della missione civile e culturale del paese. E da un grande rispetto per le istituzioni, senza le quali una democrazia è solo apparente. Istituzioni che mai, pur nel suo atteggiamento cardinalizio e anacronistico non privo di errori, Spadolini pensò di occupare o di considerare come proprietà derivante dal consenso popolare, come purtroppo avvenne per molti dei suoi successori in diverse cariche dello Stato.

Termino con un piccolo ricordo personale. Quando andai per la prima volta alla sua Fondazione, dall'amico Cosimo Ceccuti, Spadolini era mancato da poco. Sul comodino della sua stanza, assai modesta, erano rimasti i segni dell'ultima notte trascorsa a Pian dei Giullari tra i suoi libri, il suo unico e immenso patrimonio. Sul comodino erano rimasti un fazzoletto e una moneta da cinquanta lire. Credo siano ancora lì. E mi piace pensare che anche quel piccolo e insignificante gesto faccia parte della sua eredità morale e culturale.

Giorgio Ambrosoli*

Prima di parlare dell'eredità di Giorgio Ambrosoli, così ricca di valori e di rispetto delle regole, in un paese che di regole ne ha troppe, ma ne osserva poche, io vorrei mandare un pensiero a Filippo, il figlio di Giorgio che ci ha lasciato da poco. Nel libro del fratello Umberto c'è una foto scattata da lui nella quiete di Ronco di Ghiffa, uno dei tanti segni di una presenza discreta ma importante. Un vuoto che in famiglia si aggiunge a un altro grande vuoto. Privato e pubblico. Quello lasciato dal padre. Siamo ancora una volta vicini, con affetto, alla signora Anna Lori, ai figli, ai nipoti.

Molte pagine della storia del nostro paese sono state scritte da Giorgio Ambrosoli. Suo malgrado. Il libro di Umberto, dal titolo che riprende una frase di una lettera del padre alla madre, *Qualunque cosa succeda* (Sironi, 2009), ne aggiunge tante altre. Bellissime, toccanti. Quotidiani esem-

* Testo scritto in occasione della presentazione del libro di Umberto Ambrosoli, *Qualunque cosa succeda* (Sironi, 2009).

pi di attaccamento al proprio lavoro, di forte senso del dovere portato al limite estremo del sacrificio personale. Notti insonni, sospetti, invidie, dicerie, calunnie. *La fatica della legalità* (Interlinea, 1997) come ha scritto il suo più fidato collaboratore Silvio Novembre. Non solo la fatica, molto di più. Dovremmo dire: il coraggio temerario della legalità. Quello di Umberto è un viaggio personale nell'attività del padre che perse quando aveva appena otto anni, intrecciata con la storia, sanguinosa in quegli anni, del nostro paese. Il piano privato che diventa tragicamente pubblico. Successe a tanti altri servitori dello Stato, professionisti cittadini che fecero semplicemente il loro dovere e di cui ci siamo scordati i nomi. Qualche volta ci ricordiamo purtroppo i nomi degli assassini, che non raramente hanno riscritto la storia dal loro punto di vista. La memoria a volte non c'è, spesso è addirittura capovolta.

Sono pagine belle quelle di Umberto, prive di alcuna tentazione retorica, come lo furono, anni prima, quelle scritte da Corrado Stajano, nel suo *Un eroe borghese* (Einaudi, 1991). Ricordo l'emozione della lettura di quel testo e la descrizione della Milano di quegli anni, un po' assente, quando non distratta. Purtroppo, lo dico da milanese, con sofferenza. Ecco, accanto a queste pagine così nobili, ve ne sono tante altre che avremmo voluto non leggere, che però fanno parte anch'esse della storia. Le pagine scritte da coloro che vollero la morte di Ambrosoli e quelle dei tanti che potendo fare non fecero, e dovendo guardare preferirono voltarsi da un'altra parte. Ecco perché la memoria non è solo un omaggio, ma un dovere civile. Perché altrimenti la storia sarà fatta dalle pagine peggiori e dal revisionismo delle convenienze o delle viltà. La qualità di una società civile si vede dalla serietà e dal senso di giustizia dei suoi ricordi, del suo vissuto comune. Se i disonesti scrivono anche la storia degli onesti, siamo perduti.

Giovane cronista, trent'anni fa, ho già avuto modo di ricordarlo, andai il giorno del delitto in via Morozzo della Rocca. Sapevo poco dell'attività silenziosa e riservata del liquidatore della Banca privata italiana, purtroppo. Caro Umberto, se quel diario delle notti del suo papà lei l'avesse potuto scrivere allora, quanto diverso sarebbe stato il racconto di quei giorni, quanto peso maggiore avrebbero avuto le nostre parole. Non dimenticherò il giorno del funerale, a San Vittore al Campo. Le istituzioni non c'erano. C'era solo il governatore della Banca d'Italia, Paolo Baffi, la cui statura morale e professionale abbiamo ricordato in quella triste mattina alla Bocconi del 28 settembre, quando si seppe della morte di suo fratello Filippo. Qui, ricordando insieme Ambrosoli e Baffi, potremmo aggiornare il titolo del libro di Novembre: la solitudine della legalità.

Nel libro di Umberto c'è un passaggio che vorrei riprendere: "Papà è stato una persona che ha vissuto con piena consapevolezza, coraggio e capacità di scelta." Una persona come tante, lei scrive. Io spero e sono convinto di sì, che lei abbia ragione e mi domando quante persone si trovino, in questo momento, nel nostro paese, in condizioni analoghe, a difendere un briciolo di legalità in pezzi di società che ne hanno perso persino il ricordo. Mi auguro che siano tanti, anche se temo per loro. E mi auguro che non provino lo stesso senso di solitudine. Che non siano oppressi da quella cortina invisibile di sospetti, fatta di tanti portatori di interessi non limpidi o di beneficiati a vario titolo dal crimine e dalle convenienze delle attività sommerse o al limite della legalità. Mi auguro che un po' di società civile si stringa intorno a loro. E qui vorrei che l'esempio di suo padre fosse di conforto per tanti servitori dello Stato e cittadini rispettosi delle regole e che aumentasse il grado di consapevolezza di tutti quelli che vivono e lavorano intorno a loro. Ecco a che cosa serve la memoria: a non lasciare soli i difensori della legalità e a dare più libertà nell'esercizio dei loro diritti a tutti gli altri. Qui potremmo aggiornare ulteriormente il titolo del libro di Novembre: la bellezza della legalità.

Lei scrive ancora, Umberto, augurandosi che l'esempio di suo padre, cioè fare fino in fondo con correttezza il proprio mestiere, resti vivo come la sua memoria è viva questa sera, nell'abbraccio di questa sala e nell'intensità della musica che la riempirà. Io le dico di sì: è forte. Ma condivido la sua preoccupazione sul fatto che quel quadro collusivo, corruttivo degli anni settanta, come lo definisce lei, mutando pelle e protagonisti si sia diffuso in varie forme nella nostra società. E ciò abbia ridotto i nostri anticorpi civili. Il senso della legalità si è abbassato, il rispetto delle regole, anche le più minute e banali, è venuto largamente meno e quello che è più amaro è che sembriamo non accorgercene più. Come al degrado e al disordine, anche all'illegalità diffusa, alla furbizia elevata a metodo di lavoro, ci si abitua. E ci si converte, seppur lentamente. Così fan tutti. Viviamo in una società che è giustamente più garantista ma qualche volta cancella con disinvoltura etica la categoria del colpevole. E la perdita di reputazione non è più la sanzione non legale che una comunità di forti principi infligge a coloro che ne disprezzano le regole. L'esempio di suo padre Giorgio ci richiama a riflettere di più sulla nostra condizione di cittadini responsabili, sulle nostre quotidiane debolezze, sulla necessità improrogabile di consegnare alle nuove generazioni un edificio civile intatto, non un deserto esposto a ogni prepotenza. È un esempio, lo possiamo constatare questa sera forte come l'affetto di Giorgio Ambrosoli. Quasi quarant'anni dopo. Il tempo dei giusti non passa.

Beniamino Andreatta*

Nino Andreatta è sempre stato per noi giornalisti un interlocutore scomodo. Intervistarlo non era facile. Ci si sentiva sempre sotto esame. Gian Antonio Stella, in un'intervista sul "Corriere" che appare nel bel volume a cura di Mariantonietta Colimberti ed Enrico Letta, scrive "Una gamba buttata sulla scrivania a sinistra, l'altra spericolatamente incrociata a destra, le scarpe numero 45 ben piantate in fronte al cronista." Era sarcastico nel notare i nostri limiti, impietoso nel segnalare gli errori. Tutt'altro che seduttivo, non era un politico da *storytelling*, né un leader che tentasse di affascinare il pubblico e la platea con una simpatia artefatta, una comunicazione precostruita. Tutto il contrario. Ma la sua intelligenza era contagiosa, colpiva l'articolazione del pensiero, la logica ferrea dei suoi ragionamenti. Non era simpatico, ma lo ammiravamo.

* Testo scritto in occasione di un ricordo di Beniamino Andreatta tenutosi alla Camera dei deputati, il 23 marzo 2016.

In uno dei tanti difficili weekend della lira agli inizi degli anni ottanta – io all'epoca lavoravo come redattore alla sezione economica del "Corriere" –, chiamammo casa Andreatta. E ci rispose credo il figlio Filippo. Alla domanda "dov'è il ministro?" la risposta sicura, senza ombra di dubbio fu: "È a Bruxelles." E il fatto che il ministro del Tesoro fosse partito all'improvviso fece crescere forte in noi il sospetto che l'Italia stesse per svalutare la lira o, come si diceva a quel tempo, chiedere il riallineamento all'interno del Sistema monetario europeo. Preparammo svariate pagine, sicuri che nel weekend la svalutazione sarebbe stata ufficialmente confermata. La sera tardi arrivò una telefonata, tra l'indispettito e il divertito, dello stesso Andreatta. "Scusateci, non è vero niente, non sono partito per Bruxelles." Rimanemmo di sasso. Un collega disse: "Ma è uno scherzo da prete." Uno più anziano ci ricordò che non aveva mai conosciuto, da cattolico praticante, un politico democristiano così laico e così coraggioso anche contro la Chiesa.

In quegli anni in cui fummo anche noi travolti dallo scandalo P2 e dal crac del Banco Ambrosiano, rimanemmo ammirati dal discorso che Andreatta fece in parlamento il 2 luglio 1982. Un atto d'accusa contro lo IOR "che in alcune operazioni con il Banco Ambrosiano," sono le parole di Andreatta, "appare assumere la veste di socio di fatto." Questo coraggio fu pagato con lunghi anni di ostracismo e isolamento, anche all'interno del suo partito. E credo che su quell'atteggiamento di esclusione poco ancora si sia scritto e molte responsabilità debbano ancora essere messe in luce. Restiamo, ancora un po' su questo aspetto così forte e coraggioso dell'Andreatta politico. Trovo sia di grande attualità – e non è l'unico – tra i tanti interventi raccolti nel volume di "Arel", quello pronunciato a un convegno della sinistra DC, a Lavarone, il 29 agosto 1992, nel quale Andreatta rivolge una preghiera, sulla questione morale, a tutto il mondo cattolico: "Io so che la tradizione della teologia morale è stata ed è molto attenta ai problemi dell'usura, della simonia... ben poco si trova sulla corruzione. Lo troviamo nella Bibbia, ma non nella teologia morale." Andreatta ricorda che nel Deuteronomio Dio non chiede la *shohad,* il dono o se volete la tangente, giudica la causa della vedova e dell'orfano senza lasciarsi corrompere dal loro ricco avversario. Andreatta credeva alla politica come un sacerdozio laico. In una visione più calvinista che cattolico-romana. Le eccezioni e le deroghe erano un cedimento al rigore, non una necessità dovuta all'inevitabile mediazione degli interessi. "La politica," diceva, "è rischio, è rottura di quel castello incantato di impotenze che spesso ci avvincono nei loro nodi e nei loro ceppi." Confessa, soprattutto dopo il sequestro e l'uccisione di Moro, tutta la propria intransigenza nei confronti di comportamenti ambigui e ipocriti, anche e soprattutto all'interno del suo partito. Il connubio tra politica e affari, che esploderà con le inchieste di Mani pulite, è all'origine del declino di tutte le virtù repubblicane. Intravede come l'invadenza del sistema dei partiti (lo chiama l'Anonima partiti, ma perché all'epoca c'era l'Anonima sequestri) porterà inevitabilmente alla crisi della democrazia e all'insorgere di movimenti populisti, come la Lega. Nelle polemiche acerrime con i socialisti, emerge un altro dei grandi temi della malattia italiana: l'occupazione delle istituzioni "come bottino di guerra". La spartizione delle spoglie, in un'interpretazione del tutto peculiare di un principio di alternanza anglosassone. La lottizzazione determina una distruzione dei valori intimi del politico, che appare sempre meno agli elettori un proprio rappresentante e sempre più l'esponente di una confraternita degli affari del tutto autoreferenziale. Una dura critica era rivolta anche all'omertà della classe dirigente privata, alla borghesia produttiva, alla pigrizia indolente delle tante corporazioni. La frase che pronuncia dopo il caso Ambrosiano: "Ho dovuto aspettare che un banchiere pendesse da un ponte di Londra: la comunità dei banchieri non aveva saputo cacciarlo prima", quante volte è stata, purtroppo d'attualità, anche in anni in cui Andreotti non aveva voce o era già morto? Ricordo la battuta sferzante sulle architetture assiro-babilonesi di alcuni istituti di credito impegnati a far sfoggio del proprio potere. E quando mi ritrovai all'inaugurazione di una fantasmagorica sede di una Popolare molto celebrata prima del crac, nella zona sud di Milano, non potei che pensare alla battuta di Andreatta.

La lettura di uno scritto di Andreatta apparso sul "Mulino" ormai più di trent'anni fa andrebbe consigliata in una lezione di educazione civica, ammesso che se ne facciano ancora, e in un corso di partito, se ne fanno ancora nonostante tutto. Il dibattito, oggi assai povero e irritante, tra rigore e sviluppo, come se fossero agli antipodi, ne riceverebbe un grande beneficio. Andreatta cita Vanoni il quale dice – siamo nel 1953 – che "non è possibile per nessun paese, e tanto meno per un paese povero di capitali come il nostro, fare una politica permanente di disavanzo senza compromettere la stabilità della moneta". Andreatta ricorda che Moro, dal 1963 al 1968, negò ai socialisti riforme prive di copertura. Ma il "praticismo doroteo" diede il via, negli anni settanta, a una lunga stagione di riforme senza copertura, quella sanitaria e quella pensionistica. "La nostra generazione," notava Andreatta, "senza avvertire i pericoli, ha preferito allontanare i problemi, ha scelto di costituirsi il suo stato sociale a spese delle generazioni future." Questo passaggio è di grande attualità e ci interroga sulla sostenibilità del nostro welfare, che presto porrà la politica davanti al tema spinoso di non poter garantire un servizio universale in molte delle prestazioni di base. Questa deriva Andreatta l'aveva colta con grande lucidità.

Raffaele Mattioli*

Cominciamo dalla fine. Siamo nel 1973. Raffaele Mattioli muore il 27 luglio. A settantotto anni. Soltanto pochi mesi prima aveva lasciato la presidenza della Banca commerciale, superando di molto il limite di età che l'IRI, allora azionista dell'istituto di credito, aveva stabilito per le alte cariche del gruppo. Fu un addio doloroso, un distacco fiero e indispettito, non privo di rancore. Quasi un presagio della morte. Mattioli scherzava dicendo che si sarebbe goduto la pensione dedicandosi alle sue amate letture, che avrebbe approfondito, per esempio, la figura di don Ferrante e della sua consorte, convinto che non fossero un'invenzione del Manzoni. E che avrebbe fatto tanti altri viaggi nell'universo della sua biblioteca, uno spazio infinito di interessi culturali. E scritto, magari le sue memorie. Non le scrisse, e fu davvero un peccato.

* Testo scritto per il ciclo di conferenze "Lezioni di storia" a Santa Maria delle Grazie a Milano, il 25 maggio 2016.

In realtà, Mattioli non sapeva vivere senza la banca che aveva diretto per quarant'anni. E non sapeva vivere al di fuori di quel quadrilatero che oggi ospita le Gallerie d'Italia e si estende alla casa dell'autore dei *Promessi sposi*. Il suo ufficio era sempre stato in piazza della Scala. Ma dalla sua finestra, guardando oltre "il capo venerando di Leonardo", il mondo lo aveva conosciuto in profondità, viaggiando, leggendo, con una visione cosmopolita e colta che non fu mai provinciale e chiusa nemmeno nell'Italia rurale, autarchica e fascista. La sua abitazione era in via Morone. Prima in via Bigli. E in via Morone oggi c'è l'archivio storico di Intesa Sanpaolo che conserva i suoi documenti. I libri sono alla fondazione che porta il suo nome, all'università Statale. Il suo funerale si svolse nella chiesa di San Fedele. E largo Mattioli sorge oggi in un tratto di via Case Rotte. Insomma, un minuscolo fazzoletto di terra milanese è stato teatro della straordinaria avventura di un banchiere umanista, la cui fama non ebbe confini. *The faboulous italian banker*, come lo definirono gli americani, alla cui genialità fece ricorso la Banca mondiale che lo volle tra i suoi consiglieri insieme a mostri sacri come Rothschild e Guth della Deutsche Bank. Mattioli era un abruzzese-napoletano fieramente milanese. Come hanno saputo esserlo molti immigrati di successo nella nostra città: operai, impiegati, gente comune che ha fatto grande Milano, pur nell'orgoglio delle proprie origini. Come Mattioli che era nato a Vasto.

Il giorno dopo la sua morte, Giovanni Spadolini, che aveva lasciato da poco, anche lui offeso e indispettito, la guida del "Corriere", tenne una lezione sul Manzoni all'Università di Perugia. "E visto che sto parlando del senatore di via Morone," disse agli studenti, "consentitemi una digressione su un altro illustre abitante di via Morone che ci ha appena lasciati, in cui la religione del Risorgimento viveva con accenti e con *animus* ispirati alla grande lezione di Manzoni." I tempi cambiano. L'abitante più famoso, ai nostri giorni, di via Morone (che ci ha lasciato da poco) era un signore, guru della rete, Gianroberto Casaleggio, inventore con Grillo dei 5 Stelle. Ma questa è un'altra storia. Torniamo a Spadolini che commemora Mattioli. Immaginiamo l'enfasi rotonda e compiaciuta con cui il futuro presidente del senato si rivolse ai suoi ascoltatori, parlando dell'illustre "figlio dell'Abruzzo crociano" ed elogiandone il culto della tolleranza. Mattioli era gioviale, disponibile, aperto. Ma le sue sfuriate erano celebri, come leggendarie erano le parolacce che alternava a dotte citazioni latine. Dava del tu un po' a tutti – anche quando il voi durante il fascismo era caldamente consigliato – ma i silenzi ombrosi e corrucciati mettevano soggezione a molti dei suoi interlocutori, anche ai nomi celebri che incontrava a casa sua, salotto aperto all'intelligenza del tempo. Cioè il meglio della cultura del Novecento che lui aiutò generosamente, come fece con i protagonisti della Resistenza.

Diciamo, con una punta di provocazione, che mai fondi neri di una banca ebbero destinazione così felice e fruttuosa. Oggi un novello Mattioli verrebbe soffocato dalle procedure e naufragherebbe tra astrusi modelli di gestione e infernali algoritmi. E forse avrebbe qualche problema con la magistratura.

Eugenio Montale, che abitava a Milano in via Bigli, sempre nel microcosmo milanese di cui stiamo parlando, definiva Mattioli un "incomparabile conversatore", come è scritto in un bel libro di Sandro Gerbi (*Raffaele Mattioli e il filosofo domato*, Einaudi, 2002) figlio di Antonello, storico e saggista, che il numero uno della COMIT mandò in Perù per sottrarlo alle leggi razziali fasciste. E non fu l'unico. Mario Soldati, uno dei tanti scrittori ammessi agli incontri di via Morone, diceva che quando ascoltava Mattioli respirava l'aria dei "ventilati altipiani", cioè sentiva l'emozione delle lezioni universitarie di Gaetano De Sanctis e di Giulio Bertoni. Riccardo Bacchelli, che abitava in via Borgonuovo, e siamo sempre lì, in quello scrigno milanese di tesori e memorie, "midollo e tuorlo di Milano" nella definizione di Gianfranco Contini, diceva dell'amico Mattioli che "esteticamente disposto per indole all'ironia, faceva di quest'ultima uno strumento della sua logica e della sua pratica". E nel suo racconto *Le notti di via Bigli*, dedicato alla casa abitata da Mattioli prima della guerra, Bacchelli descrive quel circolo di opinioni libere nell'Italia cupa del regime come un cenacolo di divertenti stravaganze. Una luce accesa nel buio della dittatura. Vi capitarono un po' tutti. A Luigi Einaudi gli amici chiedevano quanti libri rari Mattioli gli avesse sottratto acquistandoli da Vigevani, in via Borgonuovo. Ed Einaudi si divertiva a citare una frase di Benedetto Croce: "Mattioli dice di aver letto molti libri, ma il fatto è che li ha letti davvero." L'elenco degli ospiti comprendeva, oltre al poeta Sergio Solmi, che lavorava alla COMIT, Curzio Malaparte, Enrico Somaré, gli economisti Gustavo Del Vecchio e Piero Sraffa. Si parlava di politica con Enrico Cuccia, Adolfo Tino, Ugo La Malfa e Giovanni Malagodi. Ma si giocava anche a scopone scientifico. E si vagheggiavano progetti di nuove riviste culturali. Bacchelli scriveva che "Mattioli ascoltava gli ospiti, specialmente gli stravaganti, con quella curiosità dall'apparenza acquiescente, e quasi neghittosa, che li incitava ed eccitava a spiegarsi in tutto l'esser loro".

La casa di via Bigli fu distrutta dai bombardamenti alleati nell'agosto del 1943. Non vi è nessuna lapide che ricordi quello straordinario cenacolo di intelligenze riunite all'insegna della libertà.

Mattioli fu un mecenate generoso e competente. Quando l'amico e conterraneo Giovanni Titta Rosa, con il quale aveva condiviso i disagi dei primi anni a Milano, gli chiese di dargli una mano, Mattioli era da poco entrato in banca. Estrasse dal cassetto un assegno da 50 mila lire, una cifra considerevole – eravamo negli anni trenta – e nacque la "Fiera letteraria". Qualcosa di analogo accadde per un altro periodico, "La Cultura" di Cesare De Lollis, al quale collaboravano Cecchi, Mila, Pavese, Sapegno. Fu salvato nel 1929, un anno dopo la morte del fondatore, e rilanciato da Mattioli. Alcuni numeri della "Cultura" furono pensati, il lunedì sera, in quella casa di via Bigli che a volte si trasformava in una redazione eccitata e febbrile. "La Cultura" fu poi ceduta a Giulio Einaudi che, costretto dal regime, finì per chiuderla nel 1934, salvandone però il simbolo, lo struzzo, che poi sarebbe diventato il marchio di una straordinaria, anche se non fortunata dal punto di vista finanziario, avventura editoriale. Mattioli fu editore soprattutto con la Ricciardi, sotto l'ala di Benedetto Croce, e la sapiente opera di Antonello Gerbi. Entrò nella casa editrice nel 1938. E nel 1951 lanciò il celebre catalogo dei classici. Un'iniziativa che non piacque a Togliatti, che gli chiese quale senso avesse ripubblicare i classici. E Mattioli rispose che i volumi di quella collana erano il cibo indispensabile di una classe dirigente che volesse dichiararsi tale. Il leader comunista un giorno gli scrisse un biglietto, con queste parole affettuose: "A Raffaele Mattioli, che mi rincresce di non essere autorizzato a chiamare compagno." Il numero uno della COMIT fu custode segreto, dalla morte di Gramsci fino alla Liberazione, dei *Quaderni del Carcere*.

Guido Piovene, quando andò a intervistarlo negli

anni cinquanta, ne rimase folgorato e sentì che in quegli uffici di piazza della Scala era affluita "l'ultima eredità del Risorgimento, e della sinistra storica". E si stupì del "volto inatteso di una banca ironicamente umana". Se oggi un grande scrittore, come grandi erano Piovene, Soldati e Bacchelli, si esprimesse negli stessi termini nei confronti di un banchiere o di un istituto di credito, sarebbe deriso o sospettato dei più turpi interessi. E infatti, nessuno lo fa. Ma forse ciò non accade perché Mattioli fu un incrocio assolutamente unico e straordinario, irripetibile e fecondo, tra un banchiere rinascimentale e un conservatore aristocratico. Non tanto democratico per la verità, a volte un despota, un padrone assoluto, un monarca illimitato. A Corrado Stajano disse: "Sono un liberale con una tale dose di anarchia che mi consente di non essere necessariamente democratico. Sono un conservatore ma con una tale dose di senso storico che mi consente di non essere necessariamente anticomunista."

Mattioli passò indenne il fascismo, al quale non aderì intimamente mai pur avendone presa la tessera. Mussolini ne riconosceva le qualità e pensava di servirsene. Solo Farinacci chiese pubblicamente la sua testa. Mattioli canzonava il gerarca, che aveva fatto il capostazione, prima di diventare il peggior capobastone, con una delle sue battute: "à la gare comme à la gare." Il suo fu un antifascismo di lusso, come sostenne Ruggero Guarini. Un po' come quello di Croce. Aiutato dalla sua intelligenza, dalla sua simpatia e soprattutto dalla sua utilità, appariva insostituibile – anche per la sua fama internazionale di economista – a un regime afflitto dalle sanzioni. Non mancarono le furbizie e le concessioni. Indossò qualche volta l'orbace. Fu generoso di riconoscimenti al regime nell'introduzione alle relazioni assembleari. Agli azionisti nel 1936 in piena campagna etiopica, commentando i risultati dell'anno precedente, scrisse: "Stretta in ferrea unità di fede, in disciplinata compattezza di volere, l'Italia sta offrendo l'esempio di cui tutto il mondo ha bisogno." Insomma, qualche prezzo al regime fu pagato. Sul quindicinale "La difesa della razza" comparivano le pubblicità della banca.

Mattioli fu essenziale nell'affrontare la crisi degli anni trenta, nell'elaborare la nuova legge bancaria dopo il fallimento della banca mista. E qui echeggiano anche note di stringente attualità se guardiamo alle tristi vicende del modello di banca universale un po' in tutto il mondo. Mattioli non mancò di criticare con la dovuta fermezza scelte sbagliate, come la velleitaria politica del cambio forte della lira e la patriottica, quanto dannosa, difesa della quota 90 con la sterlina. La realtà è che la COMIT e il mondo costruito attorno alla banca dal genio di Mattioli rimasero estranei alle vicende del fascismo, coltivando una sorta di extraterritorialità culturale e politica che poi sarebbe sopravvissuta anche nel dopoguerra. La COMIT e la Mediobanca di Cuccia restarono un mondo distaccato e a parte, gelosi della propria autonomia e indipendenza, nonostante la presenza dello Stato nel capitale, in perfetto equilibrio tra pubblico e privato. Ma Mattioli non passò indenne gli anni della DC. Emilio Colombo lo sostituì, alla presidenza, con il piduista Gaetano Stammati, che Mattioli disprezzava cordialmente. A nulla valsero le proteste e le lettere a Franco Viezzoli, nel 1972 direttore generale dell'IRI. Caddero nel vuoto, come nel vuoto erano cadute, per tanti anni, le dotte suppliche per un aumento di capitale che la COMIT dovette aspettare a lungo nel dopoguerra. In una lettera all'allora direttore generale dell'IRI Salvino Sernesi, Mattioli ricorda che la promessa di aumento di capitale era stata fatta nel 1949 ed erano passati, infruttuosamente "sette lunghi anni, come nella favola". Il dialogo con Roma forse fu più facile sotto la dittatura. Mattioli resta in "non paziente attesa". Cita nella sua corrispondenza Molière e san Tommaso, ma anche proverbi milanesi come "*Offelee, fà el tò mestee*". E, perdendo la pazienza con Roma, sbotta: "A questo punto me ne torno alle mie Offelle."

Ugo Martegani, che ha scritto *Il cappello del banchiere: vita di Raffaele Mattioli* (Sellerio, 1999), afferma che dopotutto l'IRI di Beneduce e Menichella fu di fatto più indipendente dal fascismo di quanto non lo sia stato negli anni di Fascetti e di Petrilli dal regime democristiano. L'idea di far nascere l'Istituto per la ricostruzione industriale era il frutto della volontà pragmatica di Beneduce e delle intuizioni dello stesso Mattioli quando, dopo la crisi del 1929, la Banca commerciale, come altri istituti di credito, aveva la necessità di liberarsi delle troppe partecipazioni industriali. La cosiddetta fratellanza siamese, che sperimentiamo anche in questi giorni guardando al mesto destino di qualche istituto in cui l'incesto fra banca e impresa ha prodotto i guasti peggiori. Il predecessore di Mattioli, il mitico Toeplitz, portò a Mussolini nel settembre del 1931 un appunto preparato proprio da Mattioli dal titolo *Per la regolamentazione dell'economia italiana*. Lo ricorda nei suoi scritti Leo Valiani. Era quella l'idea originaria da cui nacquero l'IRI e l'economia mista. Mattioli conosceva gli scritti di Keynes, anche grazie alla sua amicizia con Sraffa, e aveva fatto curare da un dipendente della COMIT la traduzione in italiano del *Trattato sulla moneta* dell'economista inglese, che sarebbe uscita nel 1932.

Nel suo bel libro *La banca di Raffaele Mattioli* (Aragno, 2016), Andrea Calamanti spiega la funzione essenziale del credito nella visione mattioliana. Quella di mediare tra raccolta e impieghi e tra risparmio e investimenti. "Ed è compito di chi esercita questo mestiere vigilare perché le due mediazioni, anziché intralciarsi a vicenda, si armonizzino e integrino l'una con l'altra." La banca per Mattioli è "un'impresa *sui generis*. [...] Le sue cautele non sono mai troppe, i suoi errori sono sempre troppo gravi. La sua azione deve essere audace e cauta insieme, legata alla realtà di oggi ma in armonia alla prevedibile realtà di domani".

Durante il fascismo la sua poltrona non fu messa mai in discussione, ma nel 1954, in piena democrazia, sì. Gli americani chiesero al governo dell'epoca, quello di Scelba, dei chiarimenti sul presunto filocomunismo di Mattioli, che peraltro nell'immediato dopoguerra era andato negli Stati Uniti come negoziatore italiano ai tempi del piano Marshall, ed era ben conosciuto e apprezzato, come abbiamo visto, dall'establishment statunitense. Mattioli rischiò di finire per poco negli ingranaggi del maccartismo. Ugo La Malfa e Giovanni Malagodi, entrambi protetti e fatti lavorare in banca da Mattioli durante la dittatura, dovettero sudare parecchio per spiegare a funzionari ignoranti e sospettosi la grandezza della figura di Mattioli. Il quale non nascondeva, sia ben chiaro, le sue simpatie a sinistra. Lo stesso Malagodi diceva che il banchiere, con il quale aveva a lungo collaborato, apparteneva a una sinistra rosata tranne quando si trattava di governare la COMIT. Lo definiva con simpatia un "liberale anarchico". E Montale lo dipinse, anche con quella perfidia di cui era generoso, come un "keynesiano bordeggiante a sinistra".

Ma quale fu il suo giudizio sul capitalismo italiano che, senza la sua lungimiranza e l'intelligenza di banchiere, mai avrebbe raggiunto i traguardi che conosciamo? Intanto la definizione del miracolo economico non gli piaceva. Sono straordinarie le relazioni di bilancio negli anni del boom, nelle quali Mattioli raccomandava prudenza e sguardo in prospettiva anche quando l'economia cresceva, a tassi cinesi si direbbe oggi, del 5 o 6 per cento l'anno e una certa soddisfazione era del tutto giustificata. Oggi ci eccitiamo per uno zero virgola. Mattioli parlava invece di una fase "contrastata e variegata" dell'economia italiana, nella quale era "arduo e imbarazzante" fare previsioni. E occorreva "una veglia operosa". Mattioli aveva ben presente i difetti strutturali delle imprese italiane, anche delle migliori, ovvero scarsa dimensione e sottocapitalizzazione. E i rischi legati all'inflazione. Come Cuccia, del cui genio e della cui integrità sentiamo la mancanza, coltivava un certo distacco critico nei confronti degli imprenditori che a volte gli apparivano "senescenti minorenni, incapaci di indossare la toga virile". Vedeva crescere una borghesia industriale rampante e capace di ottenere brillanti risultati, ma con un senso della cittadinanza via via sempre più debole, già nei suoi anni propensa a portare i soldi all'estero. Significativa può essere la polemica che accompagnò la nazionalizzazione dell'energia elettrica, alla quale peraltro Mattioli non si oppose. Fu assolutamente contrario alle modalità dell'operazione. E celebre fu un dibattito con il direttore generale di Edison De Biasi. "Vi cadranno in testa," disse al suo interlocutore, "un numero imprecisato di miliardi che non sono certo saprete utilizzare per il meglio. Vedremo se sarete capaci di investire, di fare cioè gli imprenditori." Quando morì, Eugenio Scalfari confutò la tesi che con Mattioli fosse scomparsa una parte importante del capitalismo italiano.

Mattioli era un grande borghese, allergico a un capitalismo irrimediabilmente provinciale e gretto nella sua esuberanza produttiva. Era un uomo del suo tempo, un grande banchiere umanista, con una visione aristocratica e conservatrice della società che forse non avrebbe capito il fiorire di un capitalismo molecolare, ricco di piccole imprese, che è stato ed è senza dubbio l'architrave insostituibile del nostro paese. Aveva un concetto alto dello Stato, al punto da considerare il potere romano come una escrescenza dolorosa, anche negli anni della democrazia. E aveva un'idea illuminista di una classe dirigente colta e responsabile, in grado di guidare il paese verso nuovi traguardi di civiltà. Dimostrò che si può essere europei e cosmopoliti, anche senza perdere il contatto con le proprie radici e ricomporre l'insieme degli affetti e delle relazioni in quel "midollo e tuorlo" di Milano. Un microcosmo di sentimenti alti e di buone letture che accolse, grazie a lui, il mondo. Senza limiti alla libertà anche quando, durante la dittatura, ce n'erano troppi.

Dino Buzzati*

Non ho conosciuto Dino Buzzati. Io sono stato assunto all'editoriale del "Corriere della Sera" un anno dopo la sua morte. Nel mio ufficio c'era una foto che lo ritrae a un angolo di via Solferino intento a parlare con una fioraia. Elegante, con le mani sui fianchi. E uno sguardo un po' straniero, quello che, mi dicevano Montanelli e Afeltra, aveva sempre avuto nei tanti anni trascorsi al "Corriere". Una elegante estraneità. Un misto di timidezza e di orgoglio. Essendo originario anch'io di quelle parti, posso dire che Buzzati interpretava al meglio un tratto inconfondibile, seppur non l'unico, del nostro essere sospesi fra pianura e montagna e del nostro sentirci intrappolati in una eterna linea di confine. Esiste un understatement anglosassone, ed esiste anche una sobrietà dolomitica. Buzzati fu l'uno e l'altra. La sintesi più raffinata.

Il liceo Parini e il "Corriere" erano separati solo da

* Testo pubblicato in "Studi buzzatiani", 18, 2013.

una darsena e dall'acqua del Naviglio quando, nel 1928, lo studente del classico Dino scrisse una lettera per essere assunto. Mi raccontò Afeltra che chi lo selezionò venne colpito dalla sua calligrafia ordinata. E lo assunse essenzialmente per quella. Ma la verità era un'altra (mai fidarsi troppo dei ricordi dei grandi vecchi). Buzzati venne respinto. E allora suo cognato Eppe Ramazzotti lo convinse a iscriversi al partito fascista. Dopo pochi giorni entrò in via Solferino in prova. Comunque, non fu uno scrutinio molto accurato perché lo scrittore di maggiore fantasia e originalità della nostra letteratura del Novecento finì nel reparto meno avventuroso e interessante di un quotidiano, l'archivio. Ma quel lavoro ordinato sembrava fatto apposta per lui. Rispondeva "Comandi" ai superiori. Non mostrava mai, come tutti i giovani cronisti appena entrati in un giornale, quell'insofferenza e quella irrefrenabile voglia di emergere tipica delle prime armi. Dino sembrava non volesse emergere affatto. Era diligente al limite della pignoleria e, quando passò dall'archivio alla cronaca, conservò l'abitudine di annotare tutto, anche i piccoli particolari degli avvenimenti, persino quelli irrilevanti, su registri che via via si arricchivano di schizzi e di disegni. Anche in cronaca, non sgomitando, lo misero a fare il lavoro che nessuno voleva fare: le notti. E quando lavorava di giorno, per molti anni, non gli fecero scrivere quasi nulla. I cronisti del tempo erano suddivisi in due categorie, i reporter e gli estensori.

Dino fu troppo a lungo reporter e per poco estensore, ma ebbe tutto il tempo di annoiarsi e di scrivere i suoi racconti. Al direttore Aldo Borelli, che dirigeva il "Corriere" negli anni del fascismo, parlarono di un suo redattore che aveva scritto *Bàrnabo delle montagne.* Il direttore del regime, allineato ma dignitoso, premiò lo scrittore promuovendolo. Promuovendolo alle province. Il "Corriere" nella sua storia non è mai stato particolarmente generoso con le sue firme di punta, il cui ruolo è stato spesso riconosciuto con estrema lentezza. Montale restò a lungo redattore ordinario e il corrispondente da Parigi, Campigli, fu ripreso perché perdeva tempo a dipingere. Ma grazie a Borelli, Buzzati scrisse il suo primo elzeviro: *Il Falstaff della fauna. Vita e amori del cavalier Rospo* (27 marzo 1933), che non piacque ad alcune grandi firme, come Simoni e Fraccaroli, indispettite dal tono leggero, all'apparenza irrispettoso della sacralità della terza pagina.

Buzzati aveva spesso un'aria trasognata, assente. Di politica non parlava mai. E di questa sua ignoranza si fece scudo per tutta la vita. Negli anni del fascismo per necessità. Nel dopoguerra per comodità. Un atteggiamento distaccato che finì per farlo apparire eccentrico e snob. Atteggiamenti che non gli appartenevano, lui così attaccato, nella sua sobrietà e schiettezza, alla naturalità montanara delle sue origini. Questa alterità, che mai sconfinò nella superbia, fu però la sua fortuna. Lasciò al giovane Dino il tempo di annoiarsi nelle giornate vuote dell'archivio, nelle lunghe notti in cronaca, nella ritualità della vita redazionale (i redattori lavoravano in silenzio, chini sulle bozze, non vi erano televisioni, telefonini) e di dare libero sfogo alla sua fantasia. Nei suoi racconti scritti anche in orario di lavoro (violazione contrattuale che fu benevolmente tollerata). Nei disegni che accompagnavano le sue note. Negli schizzi che componeva nelle interminabili serate, tra una bozza e l'altra, trascorse in tipografia. Nel gioco di comporre, alla rovescia, come accadeva con i caratteri a piombo, parole fantastiche, acronimi, anagrammi, frasi senza senso ma che avevano ritmo e sonorità. *Il deserto dei Tartari* nacque nelle stanze maestose e un po' desolate di via Solferino. Buzzati ci lavorò di notte, tra il 1933 e il 1938. I colleghi erano tutti più anziani di lui. Molti frustrati dalla routine. "Questa monotonia del lavoro mi ha fatto venire in mente," racconterà in seguito, "di scrivere una storia in cui venisse riassunto il destino dell'uomo medio, dell'uomo che spera in questa grande occasione, che fa di tutto per farla venire, e questa occasione appare, sembra che stia per realizzarsi e poi scompare e se ne va via."

In tutta la sua produzione giornalistica, che lo vide, onnivoro, passare dalla cronaca nera ai reportage esteri, dalle recensioni teatrali all'arte, dagli elzeviri ai racconti in diretta degli avvenimenti, Buzzati si mantenne in equilibrio fra realtà e immaginazione. Non per nascondere i fatti ma per farli comprendere meglio. Non per manipolarli ma per restituire loro, nel racconto giornalistico spesso arido e cinico, tutto il colore e la profondità dei sentimenti e delle passioni. Il celebre articolo *Natura crudele* (11 ottobre 1963) sul Vajont, tragica ferita nazionale e ancora profonda nella pelle di quella terra, è dimostrazione di questa originale congiunzione fra cronaca e fantasia. "Un sasso è caduto in un bicchiere colmo d'acqua e l'acqua è traboccata sulla tovaglia. Tutto qui. Solo che il bicchiere era alto centinaia di metri e il sasso era grande come una montagna e di sotto, sulla tovaglia, stavano migliaia di creature umane che non potevano difendersi." Ho pensato a questo celebre articolo buzzatiano in occasione del naufragio del Giglio, nel quale una nave gigantesca è stata fatta scelleratamente avvicinare agli scogli come fosse un modellino adagiato in una piscina condominiale. E, se vogliamo restare ancora da queste parti, rileggiamo quello che scrisse di Bartali, seguendo il Giro d'Italia del 1949: "Si divincola sul sellino come fanno le salamandre sorprese dal viandante in mezzo al sentiero."

Buzzati descriveva un fatto con precisione. La fantasia gli serviva per far partecipare meglio il lettore e per metterlo al centro degli avvenimenti, quasi fosse un osservatore privilegiato. L'occhio di una telecamera montata su una vettura di formula uno, o la *spidercam* che rotea sulle teste dei giocatori di una partita di calcio. Possiamo dire oggi che i suoi articoli o racconti avevano il prematuro dono del 3D, della terza dimensione. Ma non vi è tecnologia, anche la più avanzata, che possa sostituire il genio letterario e la carica immaginifica di un grande scrittore-giornalista. Guido Vergani, che lo conobbe bene, anche per le frequentazioni familiari di Dino con il padre Orio, scrisse che nel descrivere i grandi fatti di cronaca l'algido Buzzati, assente e distaccato, era tutto meno che asettico e cinico. Quando, nel luglio del 1947, Mottola e Afeltra lo mandarono ad Albenga, dove una motobarca con i piccoli ospiti si era ribaltata e quarantatré bambini erano morti, il "doverista" Buzzati accettò di controvoglia. Ma, una volta arrivato, la sua emozione fu profonda. Quel servizio dava il senso più acuto del dolore, la manifestazione più limpida di un sentimento di pietà. "Una madre nella camera ardente non vedeva il suo figlioletto morto: ma lo vedeva morto quarantatré volte nello stesso istante, quarantatré volte nello stesso istante strappato via dalle sue viscere. [...] Si formò nella sala un vortice di atrocissimo dolore umano. Non avevo mai immaginato che il cuore potesse essere così fatalmente sconvolto dalla sofferenza del prossimo."

Buzzati fu anche uno straordinario corrispondente di guerra. Suo malgrado, come avvenne per la cronaca. Trascinato sui fatti dal caso e da un direttore al quale non si poteva che rispondere "Comandi". Seguì le disavventure della nostra Marina durante il secondo conflitto mondiale.

E, non essendo un cronista qualunque, raccontando a modo suo, mostrando di evadere la realtà per descriverla nel suo significato più autentico, riuscì a ingannare, non sempre, la censura, mostrandone peraltro la stupidità e l'inutilità. "La sera prima della partenza, in quadrato, mentre si giocava a pinnacolo, udimmo un gemito lungo, a intermittenza. 'Chi è che si lamenta?' domandò il capitano in seconda. Io dissi: 'Deve essere un gatto.' Qualcuno fece: 'La nave si lamenta, un brutto segno.'" Difficile descrivere più efficacemente il senso di attesa quando è misto alla paura. Quante fortezze Bastiani sono apparse in filigrana negli articoli di Buzzati!

Il mondo lo affascinava e i viaggi furono molti, anche se nei ricordi di Afeltra, che fu collega, amico, complice e confidente, Dino appariva come uno stanziale d'animo, un viaggiatore con la mente e la fantasia. La valigia, oltre che d'ingombro, metteva in ombra la sua eleganza. Fu un cronista, inviato e giornalista eternamente disponibile al di là dell'iniziale resistenza opposta con quella sua voce un po' stridula (miagolante, secondo Giorgio Soavi), nell'inconfondibile cantilena veneta.

Tra le tante corrispondenze dall'estero di Dino, mi hanno incuriosito molto quelle dal Giappone. Era il 1963, l'anno che precedette le Olimpiadi di Tokyo. Buzzati rimase colpito dalla capitale nipponica che elesse tra i suoi luoghi più simbolici. Nello stesso periodo viaggiò in Giappone Italo Calvino ed entrambi, curiosamente, si occuparono del *pachinko.* Per Calvino una versione giapponese del flipper descritta sotto il titolo "I bigliardini della solitudine" in *Collezione di sabbia* (Garzanti, 1984). Buzzati, invece, per spiegare al suo pubblico (l'articolo uscì sul "Corriere" il 13 novembre 1963) un'autentica passione e ossessione nazionale nipponica si inventò la figura di un giornalista italiano. "L'ultima pallina parte, neghittosa ricade, senza fiducia schizza da un chiodo all'altro, io rinuncio a seguirla fino in fondo, tanto ho perduto. L'aria si fa sempre più tesa, non ricordo più il mio nome, io sono qui da sempre, i miei cari non esistono, le mie montagne non esistono." E l'immaginario giornalista, causa il *pachinko*, perde l'appuntamento per un'intervista addirittura con l'imperatore.

Ci domandiamo come si sarebbe trovato, il giornalista Buzzati, alle prese con le nuove tecnologie. Sarebbe stato un eccellente inventore di nickname e avrebbe spopolato, sotto falsa identità, nei social network. Si sarebbe preso gioco di vizi e inclinazioni moderniste. Una sola grande invenzione, successiva alla sua morte, lo avrebbe lasciato indifferente: il telefono cellulare. Perché con la sua fantasia lo inventò nel 1966 quando immaginò di farsi ibernare e descrisse, nelle *Cronache del Duemila* (*Lo strano Natale di Mr Scrooge e altre storie*) la Milano che avrebbe ritrovato alle soglie del terzo millennio. Cambiata dappertutto, ma non alla Scala. Con una grossa novità, però. "Si tratta," scriveva, "di un malcostume diffuso da pochi mesi in seguito di certi telefoni-televisori tascabili con i quali è possibile parlare e vedersi entro un raggio di trenta chilometri. Una moda diventata una sorta di frenesia. Le donne passano intere giornate a chiacchierare e a spettegolare con le amiche fornite anch'esse di *teletini.*" Il cronista Buzzati era arrivato, con la fantasia dello scrittore, per primo sulla notizia.

Ugo Stille*

Alexander Stille non fa nessuno sconto a suo padre. Ed è raro leggere una biografia, che in alcune pagine mi ha riportato all'atmosfera del Roth di *Chiamalo sonno*, così poco indulgente verso i genitori. C'è l'affetto del figlio, ma non la comprensibile velatura dei ricordi familiari. Sandro, come lo chiamava suo padre, racconta la grandezza di Misha che nella sua vita svolse unicamente un mestiere, uno solo, quello del giornalista, fino a diventarne una sorta di rappresentazione vivente, tra il monumento e la caricatura. Stille era grande persino nella sua immobilità. Un'immobilità che faceva da contrasto a un'intelligenza viva e a una capacità deduttiva degli avvenimenti propria di un intellettuale raffinato. Eppure, scopriamo leggendo *La forza delle cose* (Garzanti, 2013), ebbe una vita tutt'altro che tranquilla. Lui non era andato incontro alla storia,

* Testo scritto in occasione della presentazione del libro di Alexander Stille, *La forza delle cose* (Garzanti, 2013).

animato da una grande voglia di scoprirla; sono i fatti che si sono rovesciati su di lui, al pari delle macchie e delle briciole, che nel suo geniale disordine non sapeva togliersi di dosso. La storia, Stille sembrava volerla persino evitare. Ed era assolutamente comprensibile, conoscendo la lunga fuga dalla persecuzione antiebraica che la sua famiglia dovette affrontare per lunghi anni, dall'Est Europa, dalla Roma fascista – forse gli anni più belli della sua vita, con le amicizie più profonde, tra le quali quella di Giaime Pintor – fino all'accoglienza in America (Stille preferiva dire così, anziché Stati Uniti), la sua nuova patria, quella che lo aveva accolto, togliendogli la paura che l'identità non fosse mai certa, ma andasse ogni giorno dimostrata. Un episodio, tra i tanti, mi viene in mente. Un collega tornò un giorno da una riunione del Fondo monetario alla quale aveva partecipato insieme a Stille, che si era mosso con grande fatica da New York. "Sai," mi disse, "sono rimasto colpito perché sono andato nella sua camera e l'ho trovato in pigiama con ancora al collo il badge dell'accredito." Alexander ricorda lo stupore e la gioia dell'appena nominato direttore del "Corriere", nel 1987, quando gli portarono il suo passaporto italiano. Credo che quest'ansia identitaria ricomparisse a ogni viaggio in Europa e non sia stata del tutto assente negli anni milanesi. Dopotutto a Milano si sentiva in trasferta e amava rinchiudersi in quelle grandi cabine insonorizzate dalle quali simulava di chiamare il dimafonista, come fosse a New York, per dettargli la sua lunga corrispondenza, come se quel contatto telefonico fosse stato una sorta di cordone ombelicale della professione, tant'è vero che esisteva un collega dimafonista con il quale aveva un rapporto persino confidenziale, in grado di interpretarne ogni respiro. Quando venne a Milano, nominato direttore, in uno dei periodi più difficili nella vita del giornale, ci domandammo tutti, al pari dell'autore di questo libro, come avrebbe potuto un grande giornalista così geniale e abitudinario – restava in pigiama per gran parte delle sue giornate – così restio all'imprevisto, così refrattario all'azione, dirigere un giornale impegnativo per non dire altro. Come ho detto all'inizio, Stille è stato un eccezionale analista e un cronista attento e perspicace, grazie al fatto che gli avvenimenti passavano, in un modo o nell'altro, tutti dalla sua stanza nuovayorchese (Nuova York e non New York), – non c'era protagonista della politica italiana, da De Gasperi ad Agnelli, che non lo volesse vedere. Lui era la costante, gli altri erano la variabile (rubo questa espressione al suo vice Occhiuzzi, che riuscì a strappare al bulimico titolare della sede solo la copertura dei viaggi americani di Sophia Loren, cosa che peraltro non gli dispiacque). Gli avvenimenti lo investivano ma, nella sua vivace immobilità, non lo travolgevano affatto. Ed è ciò che accadde con la direzione del "Corriere". Lui apparve mitico nella sua distanza e fulminante nella sua rapsodica presenza. Capace di cogliere le linee essenziali dell'attualità, senza tutto il rumore di fondo delle chiacchiere e della paura che avvolgevano la redazione. Tanto imprevedibile quanto indipendente, Stille fu un timoniere sicuro, che tranquillizzò tutti restituendo ai fatti la loro dimensione più autentica. Guardava la cronaca con l'occhio dello storico. E niente lo impressionava, forse per distrazione e pigrizia, ma nel suo essere solo ed esclusivamente giornalista restituì a tutti noi, e seppe dirlo anche ai lettori, l'orgoglio di una professione e il suo grado di utilità in una moderna democrazia.

Luigi Spaventa*

Conobbi Luigi Spaventa in occasione delle elezioni politiche del 1976, quando lasciò i socialisti, all'alba dell'era craxiana, con un Giolitti in declino, in polemica con una certa vaghezza in politica economica del partito di De Martino, e si candidò come indipendente nelle liste comuniste. Amato scrisse al segretario socialista dicendo che la perdita dell'economista keynesiano, allievo di Sraffa e Kaldor, era il sintomo di un malessere che non avrebbe giovato in prospettiva alle sorti del partito. Fu buon profeta, pur avendoci poi messo del suo nella parabola ingloriosa del futuro garofano.

Spaventa era gentile, ironico, acuminato nei giudizi, sferzante nelle sintesi, lesse e rilesse la breve scheda che gli avevo preparato per inserirla in una iniziativa del "Corriere d'Informazione", edizione pomeridiana del "Corriere", dal titolo *Date un volto al vostro voto*, per la quale la difficol-

* Testo scritto in occasione del ricordo di Luigi Spaventa tenutosi presso l'Istituto della Enciclopedia Italiana Giovanni Treccani a Roma il 12 gennaio 2015.

tà maggiore era quella di reperire le istantanee dei candidati, alcuni dei quali non volevano che si vedesse la loro faccia e al massimo consegnavano al giornale sbiadite fototessere con improbabili facce patibolari. Ricordo che ci scherzammo su. Non era ancora il tempo di Facebook o di Instagram. Il professore aveva l'ansia della precisione e l'incubo accademico della banalità elettorale, unita a una certa vanità, espressa però in dosi omeopatiche.

La politica lo attraeva, ma manteneva un certo distacco, a volte persino compiaciuto. Aveva coltivato da laburista italiano, in sintonia con Ruffolo, l'idea che la programmazione fosse la chiave dello sviluppo duraturo del paese, e arrivò a pensare che solo una grande forza popolare come quella comunista, educata alle ragioni occidentali di un mercato regolato, potesse rispondere alle grandi sfide della modernità. Ne rimase deluso, qualche anno dopo, quando capì che la corrente di destra del PCI, interpretata dall'amico Giorgio Napolitano, sarebbe stata sempre minoritaria e ininfluente. Gli indipendenti nel PCI erano indipendenti un po' per finta e qualche volta finirono per costituire eleganti foglie di fico, utili per mascherare una ortodossia economica che vedeva comunque lo Stato esercitare una funzione di indirizzo, persino pedagogica e moralizzante, nei confronti delle forze sociali e dell'imprenditoria privata. Ma di lui Napolitano disse: "Più che un indipendente di sinistra, Luigi è indipendente dalla sinistra."

Possiamo dire, rileggendo la straordinaria biografia di Spaventa, che il rigore scientifico e l'onestà intellettuale non vennero mai meno. I suoi scritti – per anni fu apprezzato collaboratore del "Corriere" – non erano mai banali, ripetitivi, pleonastici. Non si intestardiva su una tesi che la realtà non confermasse. Non proiettava le sue idee sulla cronaca, meravigliandosi che i fatti non andassero nella direzione desiderata o temuta. Sembrava arrogante e altezzoso, ma in realtà era attento al prossimo e incline all'umiltà dell'intelligenza critica. Forse non lo aiutava quell'impronta troppo anglosassone, quella passione per la battuta salace che gli valse il soprannome di Dobermann, quel suo modo di vestire, il portamento dritto, quasi militare, il sigaro tenuto fra due dita tese.

Spaventa aveva la rara qualità di riconoscere gli errori, come la sottovalutazione dell'effetto deprimente dell'alto prelievo fiscale o del forte indebitamento che l'Italia accumulava. Il professore considerava la recovery italiana, frutto soprattutto della svalutazione della lira, persino migliore delle scelte liberalizzatrici della Thatcher. Ho riletto una sua intervista al "Messaggero" della fine del 1977, nella quale sosteneva che bisognasse finirla con gli ospedali inefficienti e i piè di lista, e che si dovesse avere coraggio di abbattere la giungla delle pensioni e vietare il cumulo tra queste ultime e gli stipendi.

Ne ho riletta un'altra, di intervista, concessa in occasione della sfida impossibile che affrontò, perdendola, alle politiche nel 1994, nel collegio Roma centro contro Silvio Berlusconi. Combatté in quel collegio uninominale, a mani nude, a fronte alta, ma con una fatale sottovalutazione dell'avversario, considerato un'anomalia passeggera. E preso dal fervore elettorale – partecipammo insieme a una trasmissione televisiva ed era evidente la sua preoccupazione di non perdere il voto a sinistra e di non apparire liberale – non parlò troppo nell'intervista a "Repubblica" della flessibilità del lavoro, nella quale credeva, si dilungò invece sul fatto che le tasse non potessero scendere e il bilancio pubblico fosse difficilmente comprimibile. Non promise, come fece il suo ingombrante avversario, quello che ragionevolmente un eventuale governo progressista non avrebbe potuto mantenere, ma lasciò al centrodestra tutto il tema dell'eccesso di spesa e della conseguente elevata tassazione. L'errore storico della sinistra nel nostro paese. Ne discutemmo anche in seguito, e Spaventa ammise che nell'accettare, per irritazione culturale, come disse, quell'impossibile candidatura aveva sottovalutato sia l'avversario, sia soprattutto i suoi argomenti, bollati frettolosamente dalla sinistra come argomenti demagogici, salvo poi rincorrerli, affannosamente e disordinatamente, per un lungo ventennio. Un ventennio del quale Luigi non ebbe la fortuna di vedere la fine.

Walter Tobagi*

Quel 28 maggio di trent'anni fa era un mercoledì, pioveva e faceva ancora freddo. La primavera a Milano era stata inclemente e l'emergenza del terrorismo, che vivevamo con angoscia quotidiana, sembrava essersi trasformata persino in un cupo fenomeno atmosferico. Il cielo color piombo, come i troppi anni di soffocante assedio della violenza e del terrore. La mattina, nello stanzone a pian terreno della cronaca di Milano, scorreva regolare nei suoi riti: il caffè, la riunione, le chiacchiere sciolte. Eravamo in due o tre, non di più. Allora i giornali si facevano soprattutto di sera e di notte, le redazioni si animavano verso le cinque del pomeriggio, il ticchettio assordante delle macchine per scrivere (oggi non lo sopporteremmo) si scatenava verso le sette, le otto. Non passava giorno, in quegli anni, che non venisse ucciso o gambizzato (brutto neologismo dell'epoca) qualcuno. E anche noi giornalisti avevamo la netta sensazione di poter

* Pubblicato sul "Corriere della Sera" il 25 maggio 2010.

essere, come lo eravamo già stati, nel mirino dei terroristi. C'era chi, esagerando come spesso ci accade, si era comprato un'arma, così, per sentirsi più sicuro; chi uscendo di casa cambiava ogni giorno percorso; chi confessava di continuare a guardarsi le spalle.

Fabio Mantica, vice capocronista, un maestro della cronaca, alzò il pesante telefono di bachelite nera. Il suo viso si fece all'improvviso scuro e una smorfia gli disegnò il volto già scavato dagli anni. Era un uomo di poche parole, Mantica, ma di rara umanità. Scattò verso l'uscio e salì di corsa in direzione al primo piano. Walter Tobagi era già stato ucciso, ma noi non lo sapevamo ancora. Non c'erano telefonini, siti online, non c'era Twitter, solo quei pesanti telefoni fissi, insopportabili in duplex, che restarono ammutoliti per interminabili secondi, durante i quali i nostri sguardi di cronisti si incrociarono nel tentare di capire che cosa fosse accaduto. Poi cominciarono a squillare tutti insieme. Un inferno. Mantica scese in lacrime quando noi avevamo già capito e ci sentivamo sperduti e paralizzati dal dolore. Si appoggiò allo stipite della porta principale dello stanzone, quasi lasciandosi andare. "Ma forse non è morto," disse un collega. "No, nulla da fare, Walter è morto."

Uscimmo tutti di corsa, saltammo in fretta sulle macchine posteggiate più vicino e ci precipitammo sul luogo dell'agguato. Lungo il tragitto, lo ricordo perfettamente, eravamo in tre, nessuno di noi parlò. Appena arrivati, vedemmo una scena alla quale eravamo largamente abituati e che ormai non ci faceva più il minimo effetto: le pantere della polizia e le gazzelle dei carabinieri, come si diceva allora, le ambulanze, la concitazione, le urla, il disordine assoluto. La gente era assiepata, tenuta a bada con fatica e come prigioniera di un senso generale d'impotenza e di sconforto. Le parole spezzate, gli sguardi fissi. Ma c'era chi girava il capo e proseguiva allungando il passo, cercando di dimenticare tutto in fretta. Come se la battaglia contro il terrorismo fosse stata ormai persa, definitivamente, e si dovesse per forza convivere con il terrorismo omicida. Levando lo sguardo: una sorta di omertà. In altre occasioni un pensiero del genere non mi era venuto in mente, non ci avevo fatto caso. Quella volta sì perché sotto il lenzuolo sporco di sangue e intriso di pioggia c'era uno di noi, un collega, un amico. Il velo di cinismo che accompagna il lavoro del cronista, e ne fa un testimone utile proprio perché non sopraffatto dall'emotività, aveva lasciato il posto al dolore e alla rabbia, a un senso opprimente di ingiustizia.

Mi vergognavo di non averlo provato altre volte, quel sentimento. Ho riletto l'articolo di Fabio Felicetti, pubblicato il giorno dopo l'agguato in prima pagina sul "Corriere". Un pezzo di rara tenerezza espressiva e nello stesso tempo asciutto e privo di retorica, quasi distaccato: descriveva quel corpo sbattuto sull'asfalto davanti al ristorante Dai gemelli, come se lo dovesse toccare, sorreggere, quasi rianimare: la penna schizzata via dal taschino, l'ombrello caduto, la mano che sembrava ancora muoversi. Non dimenticherò di quelle ore convulse il pianto del direttore, Franco Di Bella, il dolore composto del suo vice Gaspare Barbiellini Amidei, il questore Sciaraffia che tentava di consolarli entrambi, la faccia impietrita di Angelo Rizzoli. Ma soprattutto gli sguardi smarriti dei tanti colleghi che erano accorsi lì, in via Salaino, una via sconosciuta, laterale, che poi per molti anni nessuno di noi avrebbe avuto più il coraggio di percorrere. Il direttore Di Bella era uomo duro, schietto, ma di straordinaria carica umana: sembrava aver perduto ogni forza. E ogni speranza. Come noi. Al funerale di Walter gridò la sua rabbia contro uno Stato che non sapeva difendere un suo cittadino. Ancora una volta, come tante volte. Eppure, non lo sapevamo e nessuno di noi lo immaginava, la lotta contro il terrorismo stava per essere vinta grazie ai tanti semi gettati con coraggio in una società provata e disillusa. Molti di quei semi erano nelle parole e negli articoli di Walter, come nei gesti e nell'opera silenziosa di tanti servitori dello Stato.

Il tempo, quel mercoledì, si era fermato all'improvviso. L'arrivo del padre di Walter, il suo urlo ("Figlio mio!") e il suo amorevole tentativo di nascondere alla nuora Stella la vista del corpo di Walter, ancora schiacciato contro il marciapiede: scene rimaste scolpite per sempre nella mia mente. La rappresentazione del dolore più profondo. Il calvario senza resurrezione. Ma l'immagine che mi è sembrata rappresentare di più la tragedia è quella di Walter ancora vivo, un po' stanco, ma come sempre arguto e intelligente, la sera prima, al Circolo della stampa di Milano a un dibattito sull'informazione e sul terrorismo. "È vero, c'è un imbarbarimento della società italiana che tocca tutti, ma sappiamo come nasce, e non possiamo meravigliarci ogni volta che ne scopriamo gli effetti... dobbiamo impedire che si propaghi." Walter parlava, citando Mario Borsa, direttore del "Corriere" nell'immediato dopoguerra, della libertà di stampa e della necessità che il pluralismo fosse garantito dalla corretta e aperta concorrenza fra gruppi editoriali. E aggiungeva: "Non è assolutamente sano in un paese democratico che la politica si faccia nei palazzi di giustizia." Sono passati trent'anni, tutto è cambiato, ma le parole di Walter conservano una straordinaria attualità. La sua eredità morale e culturale rimane integra e viva. Intatta la testimonianza professionale di un cronista libero; fecondo il lascito di un pensatore riformista; profonda la scia di un cattolico impegnato nella società, desideroso di comprenderne le trasformazioni e di segnalarne con onestà e precisione le anomalie, i germi della violenza e del terrorismo.

Quella mattina, prima di sapere che era stato ucciso, una voce parlava di un portavalori ammazzato. Dopotutto, l'informazione non era errata, Walter è stato ed è il nostro portavalori. E che valori! A noi il compito arduo di custodirli senza retorica e amnesie.

Maria Grazia Cutuli*

Il primo disperso italiano (una speranza esilissima c'è ancora) in questa maledetta e invisibile guerra è una nostra giornalista, Maria Grazia Cutuli, 39 anni. Non portava alcuna divisa se non quella, orgogliosa, della propria professione. E del "Corriere". È rimasta vittima di un vile agguato, sulla strada che porta da Jalalabad a Kabul, assieme a due colleghi della "Reuters" Harry Burton e Aziz Ullah Haidari e all'inviato del "Mundo". Ed è proprio con Julio Fuentes che Maria Grazia domenica aveva fatto, rovistando da cronista di razza fra i campi abbandonati di al-Qaeda, una scoperta importante. L'esistenza di un deposito di gas nervino, la dimostrazione che Bin Laden le armi chimiche le ha, eccome. Articoli di ieri in prima pagina sul "Corriere" e sul "Mundo". Volevamo una prova dell'utilità della stampa libera, che qualcuno disprezza e guarda (anche tra noi) con insofferenza? Eccola. Serve alle

* Pubblicato sul "Corriere della Sera" il 20 novembre 2001.

nostre incerte e dubbiose società occidentali saperla questa (e altre) verità? Sono indizi utili anche per la lotta al terrorismo? Sì? E, allora, considerate i giornalisti che svolgono con passione e onestà il loro mestiere, come hanno fatto Maria Grazia e gli altri, eroi discreti della nostra civiltà, delle nostre democrazie. Fondate anche sulla libertà di stampa. Stracciata, derisa e presa a calci un po' ovunque. La libertà di stampa che in quei paesi non c'è: sepolta da un enorme e medievale burqa. Di questa nostra libertà si sono serviti i terroristi per diffondere i loro messaggi di morte, le loro disgraziatissime idee. Ma non c'è scoop che valga una vita. Nessuno.

Noi non abbiamo elementi per ritenere che le domande poste da Maria Grazia e da Julio Fuentes (con Harry Burton) per scrivere il loro ultimo articolo possano averli messi ulteriormente in pericolo. Preferiamo pensare al caso, ai mille pericoli di una guerra combattuta anche da cattivi contro pessimi. Talebani? Banditi? Vorremmo dire bestie, alle quali forse abbiamo posto anche delle civili domande rispettandone persino le risposte.

Maria Grazia è (lasciatemi ancora il tempo della speranza) una collega che ama il suo mestiere. Una passione professionale e civile che la porta da Catania, sua città natale, a Milano alla Mondadori; che la spinge a lasciare i settimanali per lavorare per l'ONU in Ruanda, testimone di un genocidio che molti in Occidente non hanno voluto vedere; che la fa arrivare al "Corriere". In cinque anni segue alcuni grandi fatti internazionali, dalla nave dei bimbi-schiavi del Benin alle distruzioni dei buddha di Bamiyan in quell'Afghanistan che le diventerà familiare. E fatale.

Inquieta ma non imprudente. Appassionata ma non temeraria. Non avrebbe mai messo in pericolo la propria vita inutilmente. A fine ottobre, per il suo compleanno, le proponemmo di tornare, dopo tante settimane. Disse di no, non c'era verso. "Volete farmi un regalo? Lasciatemi qui." Le arrivò in stanza, mandata dai colleghi, una torta pakistana, presumo pessima. E una collega la sentì parlare con l'anziana madre: "Qui non si rischia nulla, poco più di un pellegrinaggio a Lourdes." Pietosa bugia, detta bene, da grande giornalista. Maria Grazia, scusaci per tutti i giorni di riposo che ti abbiamo fatto saltare. Con te entusiasta di farlo. Ti abbracciamo, ovunque tu sia.

Leo Valiani*

"Mi dica." La voce era sempre squillante, il tono perentorio, deciso, anche negli ultimi mesi in cui quasi si vergognava di non riuscire a dissumulare la sofferenza, il peso degli anni e della malattia. Il "Corriere" gli chiedeva un articolo, lui non diceva mai di no. "Adesso arriverà l'infermiere, ma poi posso scrivere." E puntualmente l'articolo arrivava. Ma mai senza l'autore. Chi scrive lo supplicava. "Vengo a prenderlo io, senatore, le mando una macchina." Lui no, non voleva. Era una consuetudine alla quale non rinunciava: da sempre portava personalmente i propri articoli al direttore del "Corriere", percorrendo a piccoli e incerti passi il lungo corridoio. E quando negli ultimi mesi non poté più farlo capimmo tutti che Valiani, come il secolo di cui è stato un grande testimone, si stava spegnendo. Lentamente. Il "Corriere" deve a Valiani molto. Lui si batté subito dopo la Liberazione perché questo giornale riprendesse le pub-

* Pubblicato sul "Corriere della Sera" il 20 settembre 1999.

blicazioni. Si batté più di ogni altro, da queste colonne, per difendere il paese dall'assalto terrorista negli anni settanta. Denunciò, prima di altri, il sistema della corruzione. Alla sua coerenza e al suo coraggio ci siamo aggrappati, come il resto del paese, nei momenti più difficili. Svolse questa professione con passione e orgoglio. E anche di questo, come giornalisti, gli siamo grati. Racconta Cesare Grampa che, in uno degli ultimi rari momenti di lucidità, gli ha chiesto di controllare se avesse pagato il contributo annuale all'ordine dei giornalisti. Aveva esordito come cronista sportivo e amava ripetere il motto di un vecchio direttore del "Times": "Sono nato giornalista e voglio morire giornalista."

Ringraziamenti

Questo libro non sarebbe mai stato scritto senza le affettuose insistenze di Elisabetta Sgarbi (l'idea è sua) e di Rosaria Carpinelli. Sono grato al mio collaboratore Andrea Mollica per l'impegno profuso. Ringrazio l'editor Oliviero Toscani. I complimenti agli altri amici della Nave di Teseo – che si avvale della saggezza e dell'esperienza di Mario Andreose – Eugenio Lio, Laura Valetti e Stefania Eusebio. Un grazie particolare per i loro consigli a Cristina dell'Acqua, Rinaldo Gianola, Caterina Malavenda, Daniele Manca e Piergaetano Marchetti. La mia gratitudine si estende agli amici di Vidas, Giuseppe Ceretti, Paola Costantini, Ivana Ceriani, Marisa Aloise. Un grazie anche a Maria Luisa Agnese e ad Andrée Ruth Shammah. Prezioso il lavoro di Paola Trotta e del centro documentazione RCS. Infine, la mia riconoscenza va all'amico Stefano Mauri che mi ha permesso di scrivere – visto il mio ruolo di presidente Longanesi – per una casa editrice esterna al suo gruppo.

Indice dei nomi

Finito di stampare
nel mese di maggio 2017
presso
Grafica Veneta S.p.A.
Via Malcanton 2 – Trebaseleghe (PD)

Printed in Italy